留下來唱一首歌

連倩妤 著
黃敏儀 圖

留下來唱一首歌
作者／連倩妤
策劃編輯／伍詠慈
美術設計／楊仲文
內頁設計／五隻貓
插圖／黃敏儀
出版發行／突破出版社
香港沙田亞公角山路33號突破青年村
電話：2632 0000　傳真：2632 0388
電郵：breakthrough@breakthrough.org.hk
網址：http://www.breakthrough.org.hk
http://www.btproduct.com
承印／陽光（彩美）印刷有限公司
2023年7月初版1刷

Songs of Our City
by Constance Lin
First Printing, First Edition, July 2023

Printed in Hong Kong
ISBN 978-988-8562-90-9

本書採用環保油墨印刷

心 靈 地 圖 

目錄

困頓中哼着民謠

生活是一首情歌

朱序

看似平凡的故事，卻令人時刻想起。

感覺理應的日常，卻顯得無比可貴。

我覺得這是連倩好的故事的力量、文字的溫度。反映了我這位多年摯友的勇敢、善良。

她的心靈是敞開的，她的行動力是驚人的，她的眼睛是孩童的。

時代是壞是好，有幸和她多年一同成長。今年更有緣大家可以在「城市人的白日夢」展開合作。那將會是令人快樂且企盼的旅程。

祝福我們的城市，也祝福閱讀這本關於我城的書的各位。

朱珮汶

Eureka 創辦人

香港建築師

米序：一個小姑娘的童話世界

我喜歡稱呼倩好為「連姑娘」。

所謂姑娘，一來指涉她作為照顧人們心情的心理治療師專業，二來暗示她是一個長不大的小姑娘之真實身分。

長不大的小姑娘是好奇的，而她的好奇充滿善意。她喜歡發問，問常人不會問的問題，問一般人覺得愚蠢的問題，也問到很少人懂得尋根究底的問題。「為什麼我們不能夠這樣做呢？」「或者我們那樣做的話，可以幫到更多的人？」「如果我是一條燈柱，我會在想什麼？」這些都是連姑娘會問的問題。

長不大的小姑娘是熱情的。她喜歡連結朋友，喜歡將她喜歡的人聚在一起，因為她相信人的善良，更相信善良的人走在一起，可以帶來更多的喜樂，並成就更大、更有益於人們的事。於是，四處都有她的朋友，而來自四方八面的朋友都說：「她是熱情的傻大姐。」

長不大的小姑娘是任性的。我有幸與連姑娘在《明報》合寫一個專欄，每週一次，也有了機會跟她交換寫作心得。有時，我評價她的行文，提議別樣的結構或方向，又或提出一些我讀不明白的質疑。這些時候，連姑娘總是像淘氣而不服輸的小孩，為自己的寫作決定而辯護。有時，她更會任性的拋下一句「我就是想這樣寫嘛！」之後呢？之後，她會用時間思考、修改數十次，直至滿意。她的任性，有着毅力的支持，成為了一種純粹。

這一本書，就是一個好奇、熱情、任性的姑娘，像愛麗絲夢遊仙境一般，走入貌似熟悉的城市、人性、生命、歌詞，並寫出了耳目一新、天真而純粹的故事。

這裏的故事，像童話，如同其作者一般。

米哈

作家

余序

自問不是常看書的人，獲邀寫這書的序，坦白說有點受寵若驚，但若果一個不常看書的人，也覺得這書值得一看，我想，這是此書的價值所在。三十個截然不同卻又圍繞着這幾年疫情的小故事，每一篇都以一首相關的廣東歌作結尾。希望你和我一樣，看完這書後找到同感及共鳴；同時亦可以搜尋書中提及的廣東歌來聆聽。畢竟現今寫作及創作的人「買少見少」，十分需要支持。

《留下來唱一首歌》，其實沒有留下來，也可以一同唱首歌。

以上，並沒有使用 ChatGPT 或任何 AI 軟件。

Albert Yu

音樂火鍋 Music Hotpot 主理人

Lava Music Entertainment 合夥人

林序

年輕時，一首歌是一首歌，哼着哼着就很快樂。

人大了，一首歌不只是一首歌，是故事是回憶是寄意，舊歌單裏總有那首歌代表那個畫面，一聽淚就掉下來了。

寫這個序的時候，香港已經復常了兩個月，我們上班相聚吃飯看戲，一切回到好像是本身該有的樣子。那個發了長達三年多的惡夢，一下子拋諸腦後了，那些徬徨、那些無力感，好像給我們埋藏了。就讓《留下來唱一首歌》用故事記錄這個重大時刻，跟着故事中的主角走一圈，發現你我都是主角，你經歷的也是我經歷的。因為這個疫情，我們都失去了多少？我們都得到了多少？也不只是疫情吧，幾年來香港人的改變，可謂翻天覆地，聽一首歌也不再純粹，我們都被催逼成長。都說了嘛，人大了，一首歌不只是一首歌，回不去了。但我們繼續愛廣東歌，繼續愛廣東歌給我們的故事，三數分鐘給知音人的連結是一輩子的。

說了很多次 ciao 之後，我們還是留下來，我們聽歌，我們有大家。

Charles Lam 林皓霆

模特兒出身，及後轉戰時尚圈，頻繁出席時裝週及世界各地時尚活動

曾推出著作 *Behind The Scene*，現為寰亞旗下藝人

曾序

疫情過去了，動盪也過去了，社區生活回復平靜，每分每秒每個角落，看起來理所當然。在一個個簡單的場景，一句句既實在又感性的對話，彷彿漫不經意地就在身邊發生。是很久以前的事，還是朋友之間互相分享的點滴？差別在於每個人在生命中對價值和認知有所不同。

是感覺還是判斷？倒不如把藍芽耳機戴上，播放一首主題曲，在掌握住氣氛的瞬間，找個切入點，重新找回第一印象。好玩的是，第一印象早就忘記，但就在音樂與故事之間尋尋覓覓，往往又會有找回初心的感覺。

音樂誘發了想像，穿透了時空，把過去的光陰，啟動起記憶的開關掣，有時又得到了意外的啟示。

無論身處任何地方，用心感受一下周邊的平凡，找一個小故事，拿起手機，拍一張照片，在腦海中配上一段音樂，流行音樂也好，古典音樂也好，如果能夠把音樂與故事畫面融合，呈現出來的將會是莫名的感動與興奮。

天上的星星不會說話，地上的瞎子，只要用心感受就好。

曾津平

伯樂音樂學院音樂製作及科技系導師
香港專業音樂人

馬序

一向善於為音樂加上故事的詞人 Constance，這次為每個細味人生的故事譜上音樂。

不需要什麼轟天動地、驚天駭浪的煽情情節，而是用一個個清新小品，讓我們或會心微笑，或感受人生的體會與共鳴。

無論大家的生活多麼忙碌，都誠邀大家留下來 take a breath，讀一個故事，唱一首歌，感受這細小卻美好的空間。

Mary Ma

Nard Music 及 Promist 創辦人

甄序

為什麼一句歌詞，就能觸發我們內心的小劇場？

有時聽一首歌，會不小心記起某個下午，或某個地方的某人正在做某事情的畫面，甚至嗅到那個時刻空氣的味道。

我常常以為自己的行為都是有意識的選擇。而其實我的日常幾乎被無意識的東西佔據，好像怎樣呼吸、眨眼、血液流動、哪條腿先下牀、午餐後回去辦公室該繞哪條路，幾乎完全不經思考，原來是那麼不由自主。人會憑一些或許很模糊，也不一定講理由的喜惡愛憎，去處理大大小小的事情，然後不斷重複，當重複得夠多，大腦的神經元會自動為你找到最方便的路線，煉成了所謂習慣。

最初輸入了什麼，根本不重要。很多東西，在我們的世界裏，好像那麼的理所當然，那麼的不可動搖，原來只是重複的次數夠多而已。那些渾然不覺的小事，那些閃過的片段，你不用思考，毋需刻意，不需要任何推動力，輕而易舉的動作，就像在牙刷上擠好牙膏後，你會慣性地先從某一邊刷起那般自然。

今天聽到那段歌詞，令你想起了什麼？又或者，你正很在意的事，大腦神經元有沒有讓你腦海裏播起哪首歌？

一些線索，或者一棵樹、幾幢房屋，就能勾勒出整幅好看的風景。線條會自動把零星的點連起來。《留下來唱一首歌》在我心目中，就是這麼的一本書。這也許是我的誤解，但不要緊，我們對別人的愛恨、仰慕或者蔑視也很常建基於誤會，或類似幻想的一廂情願(笑)。

謝謝Constance寫了這本書，讓我重新想起，創作應該是那道靈光一閃，是那麼不講道理，又那麼與你的背景、經歷和成長息息相關，也許算是你一切經驗和感受的總和。

甄健強

作詞人

羅序

初認識作者 Constance 的時候，就知道她除了是作詞人外，也是遊戲治療和情緒及社交導師，她的微笑和同理心也果真帶着療癒力，總讓我感覺溫暖。

我是一個音樂教育工作者和聲頻療癒師，在日常教學中除了教授樂理和演奏技巧，更注重帶領學生在音樂中認識情緒，從而自我表達。音樂加上母語廣東話的作詞，讓我們更容易在聆聽中梳理情緒，跟隨歌詞的意境，充分感受內心細膩的感覺。

欣賞作者對廣東歌的熱愛，在書中透過廣東歌和溫暖的故事，多面向記錄香港人的集體回憶。書中穿插熟悉的歌，熟悉的時地人，在這片土地的成長回憶五味雜陳紛紛浮現。

香港人過去幾年吃了不少苦，作者在書中記錄了疫情下生活的點滴，出奇地沒有苦澀的感覺，反而道出了限制中人與人之間的關懷和愛。這本書像是作者帶着同理心的微笑，讓人感覺溫暖。誠邀大家一起在作者的選曲、文字、故事中，一起細味生命的美。

Heidi Law 羅鎧欣

音樂教育工作者及聲頻療癒師

龐序

雖然不是認識Constance很久，但當知道她的新書出版，我替她高興和感恩，從她寫的字裏行間能夠慢慢認識她是一個浪漫而細緻的人，更花點時間細味其內容和每首歌曲的聯繫。

我從小開始學習古典音樂，説真的，對於流行曲沒有太多接觸和認識，大部分是在電視機或收音機遇然聽過一首調子和歌詞，沒有在意流行曲的誕生和製作。

近年重新接觸本地流行曲，是因為開始欣賞本地作詞人能夠將廣東話注入複雜的旋律中，加上動聽的編曲和製作過程，擁有歌詞的意境，其實與古典音樂一樣能帶給觀眾美好的回憶和欣賞的空間。

在疫情期間，相信對於充滿創作力的Constance，有着很大的衝擊，正正在抑壓的環境中，有時更加能夠激發創意。她是一個非常之了不起的作詞人，對音樂充滿熱誠，亦是一個相當理解別人心事的人，在她的文章可以看出她和朋友的對話和一舉一動，都能夠牽動她對每首精選的廣東流行曲那種情和真。每篇文章不長不短，剛好與每首歌曲播放時間相約，非常推介你一邊看着文字，一邊聽着文中提及的歌曲，定會令你的喜怒哀樂、甜酸苦辣均湧上心頭。

Monique Pong

音樂兒童基金會創辦人之一，致力提供免費音樂給基層家庭

黃序

連倩好善於説故事。讀她的故事時，你會跟隨着她一起笑，一起流淚。她用故事提醒我們記得好好過生活。

她亦擅長配樂。閱讀這本書，就好像欣賞着一齣齣電影 —— 有畫面有影像，也有配樂。那些配樂有時是主題曲，有時是片尾曲，有時則是純音樂，但永遠能夠牽動着觀眾情緒。

無論你是否樂迷，連倩好總有方法，透過文字和故事，引領你陶醉在她的音樂世界裏。

Rosanne Wong 黃婉君

歌手 / 演員，組合 2R 成員

Braces and Faces, Central Smile, Rozy Organics & Lalamallsg 創辦人

自序

在這片土地，我遇見太多愛，這些愛足以讓我對這片土地耿耿於懷。我想守護記憶，於是，嘗試書寫這片土地上的人和事，以平凡小故事的方式。我希望透過故事，並配上一首首廣東歌，還原我的疫情時代——2020 至 2023 年。

在疫情時代，我曾經經歷一段黑暗而冰冷的日子，卻幸運地遇上光明又溫暖的人們。感謝他們，也要感謝一直同行、在我心裏分量很重很重的人們。那是最壞的時代，也是最好的時代。

我想把這本書送給經歷疫情時代的所有人，特別送給熱愛這片土地，以及喜歡廣東歌的每一位。

尼采說過：「沒有音樂，生活將是一種錯誤。」而我總覺得，沒有廣東歌，生活也是一種錯誤。

幽暗時的藍調

住不下去

「早晨，各位聽眾，大家好，今天是 2022 年 1 月 10 日……」

「從新年至今，即 1 月 1 日至 1 月 7 日期間，全球確診人數每日新增一百萬宗，一週翻倍，除了 Omicron 這變種病毒，塞浦路斯亦出現 Deltacron 個案。」電腦喇叭傳出一把女性聲音。

「……接種了疫苗，似乎依然可以被感染，而感染過後，亦可以再被感染。」另一把男性聲音接着說。

那兩把聲音，你一言我一語的把我吵醒了。兩把聲音不算陌生，自 2021 年底，媽媽經常在天未亮的清晨時分，起牀後便坐在電腦前，聽那兩把聲音説話。雖然大部分內容我都聽不懂，但我依然靜靜地坐在媽媽旁邊陪伴她。

我多次好奇地走到電腦熒幕面前，試圖看看説話的人是誰，才發現那裏只有聲音，看不到任何人。

「前幾天，我去過演唱會，當天晚上其中一位入場觀眾證實確診。昨天我被迫要做強制檢測，現在正等待化驗結果。」媽媽對着手機錄口訊，「本來檢測人員告訴我昨天晚上便會收到化驗結果，誰不知到了現在還沒有收到任何訊息，可能太多人去檢測了。」

「我的朋友住在屯門某一幢大廈，前幾天他也被迫進行強制檢測。」我辨認得出電話的聲音，那是媽媽的好朋友豆豆，「不要緊，等你收到訊息後，再來找我吧！」

「抱歉要你等。」媽媽一邊盯着手機，一邊錄音：「我先換衣服，希望你不用等太久。」

知道媽媽打算外出，心裏當然不是味兒，但是知道她與朋友見面，相信她的心情應該不錯，只要她開心，我什麼都不介意了。

媽媽是一個開朗的人，很喜歡跟朋友説笑，她的笑點低，只要我呆呆的看着她、在她面前眨眨眼睛、隨意做一個無奈的表情，或是偷偷地在背後拍她一下，都足以逗得她大笑起來。不過近這兩三年，她好像改變了，説話變少了，沉默時若有所思，很多心事似的，神情變得嚴肅緊張，時常眉頭緊皺。她久不久也會苦笑，不過跟以往的開懷大笑截然不同。

記得兩個多星期前，她邊看手機邊落淚，依稀聽到她跟朋友的對話：「這到底是什麼世界？瘋了嗎？世上還有天理嗎？這個鬼地方還適合人居住嗎？」她頓了一頓，繼續沮喪説道：「太荒謬了。這個地方，和我以往認識的模樣太不像了，我住不下去了。」

知道媽媽難過，我連忙跑到她旁邊，我願意成為她的聆聽者，為她分擔淚水。假如她決定要離開這個地方，甚至地球，我也會支持她、跟隨她，我只盼望可以永遠留在她身邊默默地守護她。

「收到了，收到了，」媽媽再用手機錄口訊，「我沒有確診，現在馬上去你家了。」

「太好了，我一早説你不會染疫，不用緊張。雖然今天天空灰濛濛的，説不定明天陽光普照，我不介意改明天才見面。」豆豆回覆道。

「這兩個星期看了太多負面新聞，心情糟糕，不想多等一天，你帶我去你家附近走走，我要接觸大自然，被山水和花草樹木療癒一下。」媽媽興奮的錄完口訊，便把手機放進背囊裏。

「生日派對再多一人確診……」是電腦中的那把女聲音，「另外，百貨公司羣組，再增加一名女患者，源頭不明……」

聽到報導，感覺病毒再次強烈侵襲地球，我不介意媽媽外出，倒有點兒擔心她，害怕她有天會感染病毒，凝視着準備出發的她，正當我打算提醒她：「媽，現在地球很危險，你不如乖乖留在家裏，我會保護你的。」

她比我早一步開口：「寶貝，我出去了，你乖乖留在家裏啊！」她輕輕摸摸我的頭，轉身取了一個我最喜歡的雞肉罐頭，把它打開，放在地上。

「喵。」我輕輕回應，跳到地面，靜靜目送她離開門口。

《地球很危險》

主唱：古巨基

作曲：劉諾生 (John Laudon)

作詞：林夕

編曲：劉諾生 (John Laudon)

監製：古巨基

回憶的你是最親切，
是最開朗

「情人節快樂。」可兒對我笑着說。

我跟可兒相約在沙灘旁邊的那間餐廳，我們喜歡坐在餐廳內的鞦韆上，一邊看着廣闊的海，一邊吃東西。我們通常都會點餐廳的推介食品：牛油果沙律、漢堡包和薯條、周打蜆湯和煙三文魚班尼迪克蛋。比起其他女生，我們算吃得多，每次看到整桌子都是食物時，我們總笑着說沒關係，就一起「肥胖到老」吧。

當我們談得開心時，便輕輕搖動着鞦韆，宛如回到孩童時期的我倆，漫無目的地在公園遊玩。可兒特別偏愛餐廳的天花板上的竹籠吊燈，她會花很長時間凝視它們，然後拍照，當它們是博物館裏的藝術品一樣。

以往我們談天說地，差不多每天都要通一次電話，心事、八卦事、無聊事、重要事等等，什麼都說。不過，自從她離開香港後，因為時差，因為工作忙，我們通電話的時間變得很少。

今天的陽光不知躲到哪裏去，天色陰暗無光，我和可兒被籠罩在一片灰濛濛的霧霾之中，她在身旁，像夢。

「很開心終於見到你，」一看見她，我便興奮地緊緊擁着她，良久不肯放手，再用手輕拍着她的背說：「我們大概兩年沒見面了。」

「轉眼間，我去了英國快要兩年，」她撥一撥烏黑的長曲髮，皺着眉頭說：「有幾次想要回香港時，不是英國封城，就是航空公司停航、航班被取消，一波三折的，好不容易才回到香港。你不知道我有多沮喪，流了多少眼淚。」

她突然眼泛淚光，她的面頰明顯消瘦不少，眼底多了黑眼圈，不過，她的淡妝、淺灰色毛衣和貼身牛仔褲，感覺依舊優雅。

「我知道，我知道。」認識她多年，她永遠都面露笑容，今次是她第一次在我面前抱怨，除了握緊她雙手，我不知道如何反應。

「唉，家裏有事一定要我在那邊處理。」她笑了笑，說來輕鬆。我看到她也心酸了，她是家中萬千寵愛的獨女，跟年紀比她大一截的丈夫結婚後，又被丈夫當公主一般寵幸。每次旅行，他都會為她買機票、準備外幣、安排的士接送。每天三餐、買餸煮飯、洗衫、清潔等家務都由丈夫一手包辦。雖然可兒沒說，但我可以想像她獨個兒在外地生活，一定吃了不少苦頭，受了不少委屈。

「抵達香港機場時，終於放下心頭大石，我忍不住哭了出來，」她頓了一頓，認真地說：「假如繼續逗留在英國那邊，恐怕我會崩潰。」

我拍拍她的頭，嘗試鼓勵她。

「我自行訂機票，又要預先訂酒店，原來香港的隔離酒店很少，房間很快被人訂光。在酒店隔離了三個星期，人快瘋了，我倒不明白為什麼有這個安排，別的地方已經不用旅客隔離了。」我點點頭，安靜地聆聽。

「我在聖誕節那天從酒店回家了！」她說：「第一時間便告訴你。我真的很想你。」

我記得那天收到她的訊息，本來想早點兒約她見面，但最後還是決定不在聖誕佳節打擾她和家人慶祝。奇怪了，今天是情人節，為什麼她跟我相約在今天？難道她不用和丈夫一起慶祝？

不久，她站起來，說：「我要走了。」她看着我：「情人節快樂，祝你天天都快樂。」忽然，她的樣貌很模糊，我問：「你去哪兒？」我嘗試伸手捉住她，卻觸摸不到她。

「我很累了，想離開了，我想在離開之前見見你，跟你說一聲。我知道假如我不說一聲便離開，你一定會怪我，或生氣很久。」她輕輕的說。

「我們何時再見面？」我的眼淚不停地湧出來。

「會再見的，你保重。」她溫柔而肯定的說。

「為什麼？為什麼要走？我求你，不要走。」我歇斯底里地叫喊着：「留久一點好不好？你不是要告訴我你最近看的韓劇？不是說過今年要帶我去英國的 St James's Park，一起去 Mahler Symphony No. 2 Resurrection 音樂會，還有那間 Frog 餐廳呢……」

「我知道你很難過，請原諒我。你別傷心太久。我現在很好，很舒服，不用擔心。」她溫柔的說。

不要！請你不要你走！

「會再見的，」她邊微笑，邊瞪大眼睛裝兇地提醒我：「別再哭了，你哭的樣子好醜，我在天上看到的。」她回頭跟我揮手，笑容依舊燦爛。

叮叮叮……

手機鈴聲把我從夢中吵醒，我不敢睜開眼睛，只想多停留在餐廳一陣子，只希望感覺她還在附近多一陣子。

起牀後，我抹乾眼睛，梳洗一下便上班。放工回家，我訂了來回倫敦的機票、酒店、音樂會門票，也訂了她曾經介紹的餐廳。

臨睡前，我站在窗前仰望夜空，聽着可兒喜歡的歌：「回憶的你是最親切，是最開朗」。我知道，對她最好的記念，就是把她放在心裏，然後好好活着。

《Dear My Friend,》

主唱：姜濤

作曲：林奕匡

作詞：林若寧

編曲：Y. Siu@emp

監製：Edward Chan

寂靜但不漫長

遙遠看見嘉琪和小丁站在書店門前，我連忙跑過去，呼叫着：「好久不見！」再大大力的給她們擁抱。

數秒後，我才猛然發現自己興奮得連最基本的衛生常識也忘記了。連續兩天新冠肺炎新增確診數字超過五萬宗，破了自 2020 年疫情開始以來的紀錄，而我竟然如此熱情，一見面便投懷送抱，她們不被我嚇壞才怪（雖然我在家裏做了快速測試，確定自己沒有確診才外出）。或許，她們一早知道這個傻呼呼的我，也接受了我的粗心大意，而且見怪不怪。後來，當我看見她們眼神流露的笑意，肯定沒有半點介懷，才鬆一口氣。

跟她們談了幾句，嘉琪需要忙着看店和招呼客人，我便跟小魚自拍。我喜歡小丁，她直率熱情，而且有股孩子氣，跟她一起時，我們總是嘻嘻哈哈，輕鬆的說笑不停。

其實，嘉琪也是同類，我們每次碰面，除了大笑，還是大笑。她是那種「天跌下來當被冚」、永遠無憂無慮、頂天立地的「做自己」、以一種「I don't care」的態度活出真我、見義勇為的女大俠。她打理的書店不只是書店，也在建立一個社區。她定期舉辦各式各樣的文藝活動，如市集、讀書會、講座、野餐、新書分享會、音樂會等等。她是個有心人，也懂得把人連結，我是打從心底欣賞她。

等嘉琪清閒一點，我買了一本關於歌詞的書。好客的她為我們準備了茶和小吃，不久，R 也來了，還拿來甜點。嘉琪見如此熱鬧，便開了一枝香檳，大家互相問候、安慰及鼓勵，面對這些天災（不確定是否人禍），大抵只能夠這樣。

已經記不起是什麼原因，大家大笑起來。那一刹那，我想，在這低氣壓的日子，還能夠一起享受陽光，一起像孩子般開懷地笑，多麼慶幸。

「不知道何時需要禁足呢？」

「不清楚，可能隨時。」

「全民強制檢測呢？」

「大概 3、4 月吧。」

「青衣方艙隔離醫院裏的共用廁所真的有點恐怖。」

「起初網傳那兒只提供『踎廁』，還好後來保安局澄清場內設有座廁。」

「希望我們不會確診。」

「現在隨處都是傳播鏈，一天五萬多人確診也真的不少。」

「唉，香港人煙稠密，恐怕染疫是遲早的事。」

「我近來時常疑神疑鬼，天天都懷疑自己喉嚨痛，懷疑自己確診。」

「我也是，咳兩聲就以為自己確診了。」

「我怕自己患上抑鬱多於確診肺炎。」

「祝我們都身心都健康吧。」

「今次過後，不知道何時再聚了。」

之前的你一言我一語頃刻間停止了，氣氛變得沉重，大家都說不出話，不知道如何是好。

想着想着，我很懷念過去。總是太容易習慣、太容易忘記世上一切事情不會一成不變。

就像是天下太平、隨心所欲地說話、隨時隨地跟朋友見面吃飯、放假去外地旅行、外出時不用心驚膽戰、不用掃描安心出行、不用焦慮何時打疫苗、不用戴口罩的日子一樣，總是消失了才想起，沒有一種習慣是理所當然的，沒有什麼是永恆不變的。

腦裏浮現起幾句歌詞：「那陣時不知道，置身的日子都發亮。眼光裏藏着的囂張，往後已不再同樣。」

「時間不早，我要回家了。」小丁跟大家說。

回過神來，我和應着：「差不多五時，我也先走了。」

「好吧，再見，下次再見！」嘉琪和 R 揮手微笑道別，我們再次擁抱。這次不是我做主動的，從她們的眼神裏，我感受到她們的不捨，對於一次沒有約定而短暫的相聚，大家都珍而重之。

跟小丁不同路，獨自走在寧靜又冷清的街道時，碎碎念哼着那首歌，期盼着不尋常的日子如歌詞一樣：「寂靜但不漫長」。

 # 本文寫作時俄羅斯正式入侵烏克蘭。

《那陣時不知道》

主唱：Nicole Au@my little airport

作曲：林阿 p

作詞：林阿 p

編曲：林阿 p

世界再壞仍舊不怕

「你好像不會聆聽？你個性是否很固執？」那是二人議論了兩小時後，何老師對小魚的提問。

* * *

疫情之下，學校不能如常上課，為了「停課不停學」，網課成為最安全的上學方式。後來，全港幼稚園、小學及中學分階段恢復面授課堂，小魚的寫作課也不例外，上了網課多個月後，今天終於跟何老師面對面一起上課。

第五波的疫情爆發，確診和死亡數字一直高企，市民人心惶惶，不只是這個城市，整個世界都很壞，可怕得像末日來臨似的，人們的生活發生了翻天覆地的轉變，疫情也嚴重影響社會的經濟。

幸好雨過天青，疫情總算穩定下來，這個城市熬過了一關。小魚到底如何渡過呢？她一直蝸居在家中自我隔離，一個多月沒怎麼踏出家門半步，早上 work from home，放工後便寫作，早睡早起，飲食定時，身體和靈魂尚算健康。

* * *

小魚記不起是在哪堂課，何老師問起她是否不喜歡聆聽，她也記不起和他在討論什麼議題，只記得他們在討論一個故事。

小魚問自己是否固執，她不認同，只是對某些事情比較執著。她問自己是否沒有聆聽，她也不認同。

她記得何老師在 2019 年的一場書籍分享會內説過：「江戶川亂步的著作《D 坂殺人事件》當中的一句：『現實是夢，夜裏的夢才是真實』。白日夢充滿計算，夜裏的夢卻是無邊無際。」

她也記得何老師在 2021 年 5 月的藝術課上，邀請她描述一幅作品。當時小魚想：為何自己那麼不幸？對她而言，站在眾人面前説話，是一件可怕的事。她後悔自己坐在課室的當眼位置，被何老師看見。

她無奈地站在投影幕前，看着弗朗西斯科．戈雅的名畫《1808 年 5 月 3 日》，胡亂地描述了作品的前景、中景和背景，也略略提到作品中光的集中點。何老師補充：「那些士兵手持長槍瞄準左邊那些老百姓，那位白衣人無懼地張開雙手，他在『迎接』行刑。」

她喜歡何老師以「迎接」那兩個字來形容白衣人的身體語言，於是她把它牢牢記住。雖然那些事都是無聊而微小，但足以讓小魚肯定自己懂得聆聽。

*　*　*

第一次感覺到何老師快要被逼瘋，她凝視着他發紅的臉龐和肉緊的面部表情，忍不住幻想他的頭頂冒煙，崩潰地吼叫和噴火，就像 Pokémon 的噴火龍，小魚幾乎笑了出來。

幸好小魚控制得住，否則一定被誤以為她為人輕佻傲慢、不懂得尊師重道、不好好看待課堂和創作、學習態度不認真等。也幸好老師有多年待人處世及教學經驗，應該經歷不少風浪、面對過不少奇怪的學生，相信自己絕不是最難搞的那位。更慶幸的是，老師是一位知書識禮，擁有高度情緒智商的知識分子。

小魚內心其實過意不去，她清楚知道，有人細心閱讀並珍惜自己的文字已經不容易，面前的何老師還不惜費盡心機力氣，用了兩小時和她討論自己的文字和創作，實在無比可貴，叫她怎能不珍而重之。她提醒自己在寫作上，要更努力更用心，不要令老師失望，才能報答他的教導。

看見小魚不發一言，何老師依然沒有放棄，繼續冷靜地嘗試運用不同方法和角度，甚至用拍攝電影的人物及敘事手法，努力讓小魚理解並試圖說服她。小魚欣賞他的堅持和耐心，她沒有再反駁，只是安靜地聆聽着，然後微笑和點頭。

*　*　*

小魚後來在 2021 年參加了何老師的寫作課。不知道是否太久沒有上實體課，到了 2022 年 5 月小魚再次與老師和見面時，她竟然有一種難以言喻的感動。

在瘟疫肆虐的日子，她遇見很多善良的人們。何老師是其中一位，她偶爾跟他辯論到面紅耳赤，但他不只是寫作課老師，更像小魚的好朋友、同行者和人生導師。

幸運的是小魚有何老師這位頭號讀者，彷彿是強心針，讓她有勇氣一直寫下去。小魚知道自己再不好、能力不被肯定，連自己都質疑自己時，世界上還是有人在背後支持她。

因此，疫情不可怕，「世界再壞仍舊不怕」。

*　*　*

「你明白嗎？在聽我說話嗎？」何老師問。小魚點點頭，並沒有說話。她還是專注地看着何老師頭上那幾根白髮，在一頭烏髮中異常明顯。她有點詫異，為何之前從來不察覺何老師有白髮呢？難道他在幾個月的光景裏急速「成長」？

「一夜白髮」真有其事嗎？小魚反復思考。面前的何老師不斷說話，小魚看着他的嘴巴在動，但一句都聽不入耳。

她很內疚，懷疑自己就是導致那幾根頭髮變白的原因。

《銀髮白》

主唱：岑寧兒＋林二汶

作曲：馮穎琪

作詞：周耀輝

編曲：蘇道哲

監製：謝國維 / 蘇道哲 / 馮穎琪

各位放心

我是一本日記簿，看不到光的日子，我安於蝸居在漆黑的抽屜裏。今天，終於看見光。小魚把我拿出來，在我身上書寫。她一邊寫，我一邊讀……

2022 年 3 月 21 日（一）天晴

近來天朗氣清，差不多每天都是藍天白雲，可是我的心一直烏雲密佈。

爸媽染疫，我也被迫自我隔離。每天，早上做快速測試，定時為他們量度體溫，確保他們準時服藥，上網購買日用品和食物，準備三餐等，一團糟。根本沒有時間處理工作，想來也好，這些非常日子，我沒有胡思亂想，也無法騰出多餘的空間去想你。

差不多一星期沒有見過小魚，她的臉容比之前憔悴，身形也消瘦了不少，原來她忙於照顧爸媽。希望她撐住，加油。

我不害怕確診，只是擔心病了不能照顧爸媽，更怕被送到亞博、方艙醫院、竹篙灣或其他奇怪地方隔離。我提醒自己，作為照顧者，更需要好好照顧自己，要儘量休息、服用維他命、多喝水。

我提醒自己不要過分憂慮，要保持心境開朗。可是並不容易，只要關注本地新聞、世界或周邊的事物，便會跌入一個漩渦，感覺渾身無力。近日最困擾我的是一則新聞，三位年長人士確診後選擇自行了斷生命，其中一位在公廁上吊自盡。

我想起你。可兒，你好嗎？在那邊過得好嗎？我很想你，我寫信給你，你會收到嗎？

天啊！最近究竟發生了什麼事，難道小魚的好朋友可兒也自行了斷生命？

* * *

2022 年 3 月 22 日（二）天晴

可兒，我們一班舊同學為你準備電子紀念冊，各人分別提供照片，我挑選了兩幅我和你在母校拍的照片。那天我們回到小學母校，在操場旁邊的蝴蝶園那棵大榕樹下拍攝。我們之間，還有梁老師，你記得嗎？她現在已經是校長了。

梁老師指着手機的照片笑着問我們年紀多大，還幼稚地扮鬼臉，我回應她説我和你永遠都是她的學生。你又急着糾正我説梁老師活力又年輕，稱呼她是師姐才正確。梁老師被你逗得合不攏嘴，你繼續以一貫口甜舌滑的叫她梁師姐，還叫她跟我們一起扮鬼臉。

梁老師最後也陪我們一起瘋，拍了一張單起眼、鬼馬的，再拍了一張正經的。那天你蹦蹦跳跳，活像小孩子，你記得嗎？

假如你看到這兩張照片，我想你必定吹噓自己多厲害，可以説服一向嚴肅的梁老師陪我們一起胡鬧。

很喜歡很喜歡那兩張照片，記錄了幾年前的初春。當時我們在一片尚未崩壞的土地上，呼吸着最自由的空氣，我們的笑容，猶如陽光般燦爛。

原來小魚的朋友可兒離世了，難怪她消瘦了，她一定很難過。但願她不要想太多，節哀順變，早日釋懷和放下。假如書寫是她抒發情感的出口，希望她會在我身上一直寫，一直寫。

* * *

2022 年 3 月 23 日（三）天陰

爸媽康復了，快測顯示陰性。

感恩，太好了，小魚可以鬆一口氣。

* * *

2022 年 3 月 24 日（四）天晴

我開始喉嚨痛，有低燒，懷疑自己確診了。

「不，各位放心，我很勇敢，仍舊陽光得很。」我喜歡這句歌詞，我會勇敢的，我是勇敢的。

祝小魚早日康復，繼續撐住。辛苦了，可以的話，我想抱她一下。

* * *

2022 年 3 月 29 日（二）天晴

看到一則新聞，關於香港疫情下自殺率高企。

可兒，為什麼你選擇輕生？到底發生了什麼事？我怪自己為什麼不早一點發現你的異常！為什麼我看不穿你笑容背後所隱藏的悲傷？是因為你是隱藏高手，還是我的觀察能力太差？抑或，我太愚昧、太粗心大意？無論你有沒有怪我，我也不能不怪責自己，我恨自己沒能阻止憾事發生。

不過，請你放心，我沒事，我只需要多一點時間接受你的離去，然後放下。放心，我會好好的。雖然我不明白你到底為什麼要尋短，但我尊重你的選擇，我知道你想結束的，不是生命，而是痛苦。謝謝你曾來過人間，辛苦了，願你現在如願，從此沒有痛苦，你安息吧，可兒。

懷念你的笑容，你開朗的性格，你的一切，愛你如昔。

誰能想到經常解開別人心結的小魚，心裏原來也有死結，但願她可透過書寫好好哀悼。

看到小魚一臉倦容，如此熬夜反復書寫，有時淚水不斷掉下，有時痛苦地咳嗽，我知道她很難過，可是我愛莫能助。而我能夠做到的，只是默默陪伴她，做一位最沉默，又最親近的聆聽者，盡力吸收墨水和淚水，容讓水分把身上的文字化為一幅美麗的水墨畫。

《心靈作家》

主唱：鄧小巧

作曲：林家謙

作詞：林夕

編曲：林家謙 / 謝國維

監製：謝國維

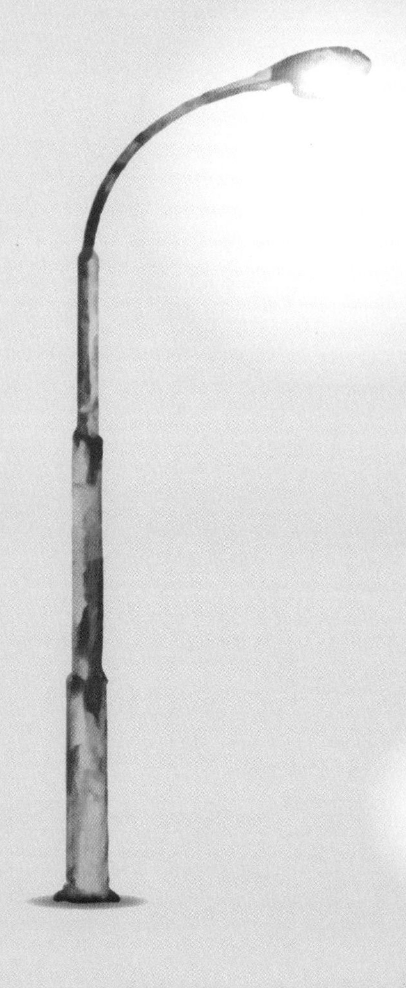

平實的生存

我來不及反應便聽到附近的警察大聲向着對講機說：「深水埗大埔道休憩花園附近有一棵大樹被強風吹襲倒塌，擊中了燈柱，麻煩安排有關部門人員來清理。」

* * *

我一早理解「認命」之必要。和其他死物一樣，燈柱一生都是被動的。何時出生、何時作息、在哪兒生活，無論喜歡與否，都別無選擇，那是我的宿命。

居住在深水埗是苦惱的事。這個地方人煙稠密，人多車多，四周的唐樓又殘又舊，街道擠滿密密麻麻的小販攤檔。從我的高度俯瞰下去，除了雜亂，還是雜亂。

雖然近年有不少工藝店、畫廊、咖啡店和書店進駐大南街，吸引很多年輕人到訪，但也改不了「年老」的氛圍。

星期日是人類休息的日子，卻是街道最繁忙，即我最困擾的日子。從早到晚，到處人山人海，馬路熙來攘往，忙亂的景象令我眼花繚亂，慶幸自己沒有密集恐懼症，否則一定更難受。

另外讓我苦惱的是這兒的噪音，大媽叫聲、嬰兒哭聲、汽車響咹聲、打樁聲、狗吠聲、拉鐵閘聲、街頭售貨員叫賣聲……

還有，街頭歌手的歌聲，那是另類噪音：「明晨天將會塌下來吧」。從小就對聲音過敏的我，再沒有被不同的吵耳聲音包圍更痛苦的事了。我恨不得天空立刻塌下來，如同他唱的歌詞一樣。

「人類為何熱愛出街？」我不解：「放假留在家裏休息，安安靜靜的，不好嗎？」

一直生活在戶外的我，終日要忍受日曬雨淋，擁有屬於自己的「瓦遮頭」是一種美好卻遙遠的想像。

「你有所不知，許多人一家大小，蝸居在幾十平方尺的劏房裏，難得放假一天，疫情剛剛緩和，天氣又好，出外面走走，和朋友見見面是開心的事。」身旁的垃圾桶笑瞇瞇的回應：「街道熱熱鬧鬧有什麼不好？難道冷清清、人影也不見便好嗎？」

我暗想：要是此刻忽然停電、燈泡壞掉、體內的感光器損毀、間歇性切斷電源就好了，那我就可以休假一天了。我懷念疫情最嚴重，全城人類都被迫逗留在家的日子，我懷念那寧靜的感覺。我當然沒有說出心底話，免得垃圾桶又說我厭世、頹廢，或「灰」。

垃圾桶經常叫我用另一個視角看世界，他老是提醒我思想要正面。然而，我覺得他所謂的「正面」很「離地」，不夠實在。他老是說什麼尋覓生存意義、思考怎樣活得有價值、工作時要怎樣敬業樂業、必須提起勁、要有積極態度，不要躺平模式……我不是沒有反思，但，那又如何？反正總要生活，想太多只是自尋煩惱，不如面對現實，對我而言，生活是百無聊賴，生命是毫無意義的。

雖然跟垃圾桶認識多年，但大家依然不能好好溝通。尤其當他以一貫無聊又老派的「心靈雞湯」式、說教的口吻，我還是受不了。

「我討厭星期日。白天是我休息的時間，卻偏偏是街道上最繁忙的時候，我只希望安靜地休息一下。」我回應道。

「你這個大懶蟲，今早天還未亮，你便熄燈休息了，人類沒有投訴你偷懶，你反過來埋怨？」垃圾桶又來了。

「我哪有？我的上班時間是日落後八分鐘至日出後十五分鐘呀。」我想了想，覺得有必要為自己澄清，於是補充：「總之，我有按照規定的時間上班，你最多只可以說我準時收工，或許我是個性比較懶散，但我可沒有偷懶。」

「好，你沒有偷懶。你看看那行人隧道的光管們，他們從早到晚二十四乘七的為人類服務，從不休息，卻永無怨言。」

我沉默，慢吞吞打個呵欠。我沒好氣，也懶得跟垃圾桶議論，反正他怎樣想、怎樣說也沒所謂。耳根清靜比一切都重要，尤其當我下班、需要閉目養神的時候。

* * *

醒來時剛剛日落，我帶着惺忪睡眼，伸了伸懶腰，歎了一口氣：「唉，又是時候開工了。」

「天文台剛發出預警，今晚將會有強烈的颱風來襲。」垃圾桶皺着眉，神情凝重的說。

「颱風？ 12 月不是打風的季節啊！」我感到不可思議。

「我也覺得莫名其妙。聽說這是八十年來首次在 12 月掛的八號颱風信號，風力很強，比 2018 年山竹破壞力更大！」垃圾桶搖搖頭說。

「近年全球暖化，天氣真的很反常。」我淡然的回應，但暗暗高興。颱風是我夢寐以求的，就像人類因為突如其來的颱風而不用上班或上學一般的興奮。當人類必須留在家中，街道因此變得清靜，對我來說，就像意外的假期。

「願所有生物和死物都平平安安。」垃圾桶低頭誠心禱告。

* * *

「呀，我好痛，我的腰好痛呀！」我大叫。

「放心，不要怕，相信路政署很快會有人來看你。」被翻了的垃圾桶，躺在滿佈紙盒、橙皮、蕉皮、鋁罐、膠袋、發泡膠盒的地上，嘗試安慰我說：「沒事，沒事的。」

「救命！我的腰很痛，你看看我到底發生什麼事？」我繼續求救，不知道為什麼，眼前的世界完全倒轉了。

垃圾桶竭力斜視着我的身體，由上至下的，面色沉重，支支吾吾說：「……你……你……的頭顱裂碎了，你……的身體也歪曲了。」他吞了吞口水，試圖保持冷靜：「不過……沒事的……」

其後消防員和警察們圍封了大埔道休憩花園一帶，路政署、康文署和漁農處也有派職員前來，有些忙着清理地上的紙皮和膠袋，有些忙着檢查大樹枝幹、主幹及樹根。

人類只關心倒塌大樹的安危，卻無視我的傷勢，對我視若無睹，難道我連地上的垃圾也不如？他們到底有理會我的感受嗎？難道我完全沒有價值？我為人類長期服務過，無功也有勞。

「我、也、有、價、值、的！有人嗎？可以過來幫幫我嗎？」雖然我知道人類不可能聽見我的呼喊聲，還是氣憤地高聲呼喊。死物製造的聲音頻率跟生物不一樣，所以死物的聲音從來只有死物才能夠聽見。

「冷靜，你再忍耐一下吧。」被搬回原處的垃圾桶愛莫能助，無奈的回應。

「人類會否把我拆除，再把我送往堆填區？」我緊張地問垃圾桶。

我心裏清楚知道，假如體內的電線損毀了，便失去照明功能，也就是人類所謂的「死亡」。沒有基本照明功能的燈柱跟爛鐵沒有分別，最終一定會被送往堆填區。

「人類很聰明，他們一定會把你修理好的。」垃圾桶努力安慰我。

等了又等，一位工作人員終於前來為我檢查。他對另一位工作人員說：「這街燈被大樹壓毀，請先準備電鋸，鋸開柱身再把它運走。」

「救命呀！救我，垃圾桶！我不要，我不要，不要，不要……」聽到後，我驚慌地亂叫。

「不怕，不怕……」垃圾桶的聲音開始顫抖：「聽説……有些人……會把金屬回收，有些人……會把廢鐵熔掉……循環……再造。説不定……你……很快……很快便輪迴轉世，化身成……更……更有用的金屬製品或……公共設施……」

幾位工作人員抬出一部巨型電鋸慢慢步近。

我幻想自己快將被鋸斷，再被放置在高溫火爐熔化掉，忍不住聲嘶力竭的叫喊着：「我不要，我不要，不要，不要……」

「等一下，燈柱雖然被撞歪了，但裏面的控制器好像沒有損毀，明天再派同事詳細檢查，或許有機會把它修復，今天先不用把它運走。」那位工作人員忽然舉起手，叫停了準備鋸斷工程的同事。

「太好了！」垃圾桶興奮叫道：「沒事了，沒事了。」

良久我一直驚魂不定。

回過神來，我知道自己並不如垃圾桶所形容的「沒事了」，只是暫時沒有生命危險，實際上還是前途未卜，依然存在被運送到堆填區的可能。

曾經感受和「死」如此接近，迫使我反思「生」的本質。

過去以為，我跟人類不一樣，沒有新陳代謝，不會生長和衰老，也不會死亡，所以擁有無限的光陰任我揮霍，更愚昧的是我以為自己可以掌控生死。現在我才發現，任何東西都有期限，原來我也會「死」，儘管我是死物。

對於生死，我毫無選擇餘地。

燈柱的一生，可以選擇的確實不多，但至少有些東西，我還是可以作主的。

我可以選擇，在「死」之前，以我喜愛的姿態去過活，還有，以我想成為的模樣去面對世界。

黑夜總會來臨，黑暗亦無可避免。假如我可以被修復的話，我選擇當人類害怕黑暗時，給予他們需要的光，把光明帶給他們，照亮他們的生命。

我選擇在黎明的曙光出現之前，把世界變得明亮，用光守護人類，好讓他們在黑夜裏安心進睡。

儘管我不知道末日何時來臨，往後的日子有多少，但，我選擇抬起頭、挺直腰、「柱腳」踏實地，那是我往後抵抗猛烈陽光和強悍風雨的樣子，也是最勇敢、最神氣和最堅強的樣子。

我環顧四周，發現上下顛倒了的深水埗很有趣。原來這地方很獨特，獨特在於它的淩亂美，再仔細看，密密麻麻中其實井井有條，這兒有一種沒法編排的有機秩序。

忽然傳來歌聲，又是那位街頭歌手，他真夠膽量，颳完風不久便走到街上唱歌，他如此唱着：「就算知歲月無多，平實的生存，每天好好過」。

認真的聽，原來他的聲音如此清澈。

《末日》

主唱：王苑之

作曲：王苑之

作詞：黃偉文

編曲：馮翰銘

監製：馮翰銘

黃金電腦商場
Hei Yiopei
Super Shoe
一元一手

得不到相戀
別說失戀

子澄掙扎了一輪，打了第三針疫苗，終於可以進出餐廳食肆，立刻約了好朋友嘉琪吃飯。

「你跟他怎樣？」子澄一邊吃炸子雞，一邊問。

「疏遠了。我謝絕所有聯絡。」嘉琪輕輕説道。

「為什麼？之前他對你不錯，你們的關係一直都是好好的，甚至有進一步發展的可能，不是嗎？」子澄瞪大眼睛，十分詫異。

「保持普通朋友關係比較好，比普通朋友更普通的那種萍水相逢更好。期望有一天，我們互不相干，就當從來沒有認識過最好。」

認識多年，子澄眼中的嘉琪一向都是溫柔體貼的，還是第一次目睹嘉琪對感情的果斷和決絕。

「你刻意跟他疏遠，保持距離。他對你做了什麼壞事？」子澄呆了一陣子才問。

「沒有。只不過我知道我們沒有將來，他早晚會離開這個城市，我不想牽絆他。」嘉琪絕望地説。

「你有跟他說清楚，告訴他你的想法嗎？」

「我連自己將來在哪兒也不確定，告訴他有意義嗎？」嘉琪歎氣。

「當然有，至少讓他知道。」子澄肯定地回應。

「就算他知道，可以改變一切嗎？」

「你有讓他嘗試嗎？」子澄心裏替那位「他」感到不值，「他」肯定是莫名奇妙的，子澄覺得嘉琪那種任由「他」不明不白的態度很自私，認為嘉琪可以採取更理想的處理方法，開始動氣。

「我不希望左右別人的決定，也沒有天真到幻想去改變世界。每人都要走自己的路，他是好人，我珍惜他，只想他快樂，在遠處看見他快樂，我便安心。」嘉琪眼眶紅了，望向窗外遠處沉思。

子澄的鼻子一酸，那一刻，她發現看似鐵石心腸的嘉琪也難過，她開始明白嘉琪心底的無奈，對她多了一份體諒。

過了一會兒，嘉琪察覺子澄面有難色，反過來拍拍她的肩膀，安慰她說：「我沒事。」

子澄用充滿憐惜的眼神凝視嘉琪。「唉，在這個離散年代，關係愈輕省便愈好，」嘉琪慨歎道：「沒有關係反而是最好的關係。」

嘉琪說得滿有道理，子澄卻無法認同，放下碗筷，瞪着嘉琪說：「你是傻瓜嗎？」

「這幾年經歷太多無常，我害怕離別和失去。」嘉琪皺着眉頭認真說道。

子澄理解嘉琪的恐懼，也體會離別之苦，身邊有不少朋友離開這個城市，甚至離開世界。每次進入任何一種關係都是冒險。然而，理性告訴子澄，嘉琪說的都不是跟別人斷絕關係的理由。

「難道你覺得這是為他好？」子澄直言反問。

「我沒有那麼偉大，我不僅是為了他，也是為了自己，我不想傷心。」

「那算是鴕鳥政策嗎？」子澄繼續追問。

「可能是吧。沒有開始，便不怕結束，不在一起，就不會分開，我覺得比較好。」嘉琪斷言回答。

子澄的腦裏忽然浮現一句歌詞：「無愛可失，得不到相戀別說失戀」。

沒有愛過，沒有相戀過，談何失戀？嘉琪為了避免失戀，所以終結本來的關係。

過了一會兒，嘉琪懷疑地問道：「我是否有點奇怪？」

子澄完全不懂如何反應，啞口無言了幾秒，儘管她理解嘉琪內心的掙扎，還是按捺不住開口罵道：「你這個白癡呀！你的腦袋……」

「子澄，」嘉琪打斷了子澄，笑着說：「身為心理治療師的你，絕不可以對好朋友無禮啊！就像是對待你的案主一樣，你應該嘗試站在我的立場，用我的視角去看事情，嘗試理解我，然後，你可以安慰我，或欣賞我的好。」

子澄再次被嘉琪的胡言亂語氣得無言，但並不意外，再次證實嘉琪是瘋狂又頑固的女生，說：「我慶幸你是我的朋友……」

「謝謝你的衷心讚美。」還沒有待子澄說完，嘉琪便點頭微笑說。

子澄覺得嘉琪無藥可救，為免被她逼瘋，放棄跟她議論，決定轉換話題：「你讓我想起那個故事中的刺蝟。」

「刺蝟？」嘉琪好奇問。

「《刺蝟愛上氣球》的故事，刺蝟明明很喜歡氣球，卻不讓氣球靠近。」

「認知自己的殘缺，不想傷害別人。我覺得刺蝟很善良，他的選擇很正確，很好。」嘉琪說。

看到嘉琪理直氣壯，子澄拿她沒有辦法，但她理解嘉琪心底的痛苦，知道嬉皮笑臉背後往往是一言難盡。或許，人生總有某些時刻，就是覺得一點辦法也沒有。面對愛，有些人總是消極地認為毫無辦法和出路。

子澄忽然明白，逃避、推開，甚至拒絕都是表達愛的方式，都是某種愛。

《塵埃落定》

主唱：張敬軒

作曲：Christopher Chak

作詞：林夕

編曲：C. Y. Kong

監製：Alvin Leong

鬥快抹乾雙眼

一個女生經化妝師精心打扮後，變得很漂亮，有兩個可能：一個可能是女生本身已經漂亮，另一個可能就是化妝師的造詣很高，而且很愛很愛這位女生，懂得透過化妝，把女生最漂亮的一面呈現出來。

小丁肯定自己是後者，因為她有一個她要好的化妝師好朋友玲。她們由小丁畢業後第一份工作便認識，小丁粗枝大葉，玲卻體貼細心，比小丁更清楚自己的皮膚質素、五官、面形輪廓、適合的髮型等。

玲常說這個世界沒有醜女人，只有懶女人。她提醒小丁要多喝水、多做運動、勤敷面膜、早睡早起去保持良好的皮膚質素。她經常為小丁選購適合的護膚品和化妝品，亦不時跟小丁分享護膚心得和最新美容產品的資訊。

小丁任職時裝品牌的公關，每逢出席大型的公開活動、時裝秀、傳媒訪問、拍攝、節目錄影等，便依賴玲在她臉上塗塗抹抹，化腐朽為神奇。只要有玲在，她就放心。

那天，小丁要出席品牌發佈會。一如既往，玲左手拖着手提旅行箱，右手拿着小丁喜歡的抹茶拿鐵。

小丁看到玲為她準備的「驚喜」時便開心地笑，並向玲坦白說：「昨天晚上閱讀新聞稿，又準備司儀稿，弄到很晚才睡，今天出現巨型黑眼圈。」

「沒關係，我替你在眼肚塗上遮瑕膏就好，別擔心。」玲一邊把化妝用具好好排列在桌上，一邊説。

「近來我發現自己老了，你看我的魚尾紋和眼袋就知道了。」小丁無奈的指着臉上的缺點。

「每個人都會老，那是正常的，」玲看着小丁的臉，笑着説：「你還好，樣子還是很好看啊！」

「歲月不留人。」小丁外表光鮮亮麗，看似充滿自信，其實有不少欠缺信心、自我質疑的時候。

「年齡只是一個數字，你給人的感覺更重要。」玲一早便學懂一心二用，一邊輔導小丁，一邊化妝，已經成為習慣。

某一刻，當玲需要專注化妝時，她們便停止對話，那是她們之間的默契。小丁喜歡靜靜地欣賞鏡中的玲在自己的臉上一點一點的加上陰影、光影、睫毛液、口紅、眼線等，就好像看着畫家一筆一筆在畫紙上塗顏料一樣。

*　　*　　*

疫情穩定後，她們比以前見面多了，差不多每個月都見面，每次都無所不談，小事如化妝扮靚、養生，大事如工作、愛情、人生和夢想。玲了解小丁，她總是不厭其煩，耐心地聆聽，她懂得盛載及擁抱小丁脆弱的部分。玲照顧的並不只是小丁的臉，還有她的內心，她不只是專業化妝師，也是心靈治療師。說得再精準一點，她們是比朋友更要好的姊妹。

玲認為一個人美麗與否，不能單單從外表來判斷，更重要是看那人的氣質，以及靈魂的質地。玲的化妝風格是追求簡約美，她深信少即是多。一個完美的妝容，不是把不完美改變成完美，而是把不完美中獨有的美，完美地展現。

*　　*　　*

復活節期間，玲忽然致電小丁：「我要移民了。英國有公司聘請我任工作室裏的化妝師。」

對於這個突如其來的消息，小丁愣了一下，一邊替玲高興，另一邊卻不捨得她離開。她嘗試冷靜的說：「很好，恭喜你有一個新開始，你一直想轉換生活環境。」

「我不知道這是否正確的決定。」玲很疑惑。

小丁不懂得回應。她把去年在倫敦時去過的公園、博物館、書店和餐廳介紹給玲，緩和氣氛之餘，希望玲有所期待。玲聽了不是很雀躍，從她的語氣，小丁知道玲有很多不捨。她想告訴玲不捨得她，不過，小丁沒有說出口，怕玲會更不捨得，也怕自己會左右玲的決定，更怕控制不住自己的淚水，她已經感到一股悲傷從心底湧出來。

她們陷入沉默，小丁只好胡亂說一些無關痛癢的話，好像是叫玲去什麼公園看松鼠和天鵝、記得寄她美術館的明信片、當那大型網上書店結業後，要玲在英國替她買書等。

小丁知道玲喜歡的歌手快要開演唱會，承諾會代她參與演唱會為那歌手打氣，並把演唱會現場的照片即時傳給玲。其後，小丁補充一句，現在沒有隔離防疫政策和入境限制措施，玲可以隨時買機票回來。

小丁說啊說，希望釋除玲的疑慮，並肯定玲的選擇——離開香港去一個新地方生活，是一個不會錯的決定。同時她也在說服自己，儘管她倆身處不同城市，依然會牽掛對方。友誼不會因為地域界限而改變，關懷亦不會因為距離而減少。因此，大家不需要太難過。

對話完結後，小丁呆呆望着窗外很久，慢慢的讓情緒沉澱。

這是離別當道的時代，也是言不由衷的時代，簡單的「不捨得你」說不出口，卻被「一路順風」取而代之。

* * *

當玲知道自己將要離開香港，早已安排了另一位可靠的化妝師給小丁。那天是小丁的工作天，需要出席品牌發佈會，剛巧也是玲上飛機的一天，玲堅持大清早跑到小丁家裏為她化妝。

「給你的。英國的冬天很冷，出外時記得帶這些。」小丁一見到玲，便把日本櫻花圖案保溫瓶、頸巾和冷帽遞給她。

「好可愛，還是你最懂我，謝謝你。」玲說：「今天我要幫你化一個完美的妝。我要看到你漂漂亮亮的，才安心上機。」

小丁眼睛通紅，她看到鏡子裏的玲也是一樣，忽然想起很多年前的她們。

* * *

那次，她們一起去巴黎公幹。在飛機上，她們一起看電影 *Me Before You*，兩位女生哭到亂七八糟的，彷彿完全忘記自己身處公眾場所，嚇得空中服務員連向她們送餐也不敢。她們對望時看到彼此紅腫的雙眼，忍不住大笑，玲先開口說：「我們是不是很丟臉？」

「真是又醜又丟臉，恨不得找一個洞鑽進去。」小丁從袋裏拿出兩副太陽眼鏡。

「我們鬥快抹乾雙眼，好嗎？」玲把紙巾遞給小丁。

「我們以後不要再哭了。」小丁說。

「一言為定，以後不要再哭了。」玲答應。

由那刻開始，小丁確認了女人是水造，而水象星座的女性都是感性又易哭的生物。

*　*　*

「好了，好了，我們又要來一次鬥快抹乾雙眼了。」小丁努力強忍着淚水，繼續說：「不過，儘管我哭得多醜，你還是有能力把我打扮得很好看。」

「無論你哭得多醜，在我眼中，你還是很好看。」玲笑着說。

「無論你跑得多遠，我還是會想着你、記住你。」小丁看着鏡裏認真地幫她化妝的玲，微笑着說。

兩人互相對望，儘管再努力，兩行眼淚還是無法克制的在各自的臉上滾下來。「我們說好以後不哭呢？嗚……」

《流淚眼望流淚眼》

主唱：容祖兒

作曲：伍仲衡

作詞：黃偉文

編曲：舒文 @Zoo Music

監製：舒文 @Zoo Music

無謂說真話

「生日快樂！」嘉琪指着電話上的照片笑着說:「你看，去年的今天，和前年的今天，我們都在一起！」

「生日正日，當然要跟最好的朋友慶祝！」子澄笑着回應。

「臉書的好處正在於此，每天都重刊不同年份同一日的照片或文章。」嘉琪看着餐牌問:「今天是你生日，你想吃什麼？」

「我想吃蟹粉炒飯！」子澄一臉期待。

「對，現在是大閘蟹當造的季節。」嘉琪說,「加半隻炸子雞、一碟炒菜、一個例湯，還有，一籠壽包。」

「嗯！很豐富了。」子澄雀躍的說。對她而言，吃什麼根本不重要，重要的是與誰吃。朋友之中，她最喜歡嘉琪，二人認識接近二十年，開心不開心的大小日常事，都會跟嘉琪分享。她們工作再忙，也必定抽空見面。子澄信任她，認定她是最了解她的人。

* * *

「最近我的貓時常站在窗旁凝視外面，我好奇她在看什麼，一看才發現門外那棵樹上有一個鳥巢。我撥開樹葉看清楚，竟發現巢裏有幾隻鳥蛋！」子澄說。

嘉琪放下碗筷，睜大眼睛，好奇問道，「有沒有照片？」

子澄打開手機，把一大堆照片給她看。

「小鳥是天生的建築師，單憑枯枝便可以築起一個有板有眼的半球體。」嘉琪驚歎：「人類建築樓房，都要靠水泥、混凝土等等，小鳥連膠水也不需要。」

「嗯，真的很厲害。」子澄再找尋鳥蛋的照片，「這是我第一次親眼看見鳥巢和鳥蛋。」

「很有趣！你家附近一定是風水好，之前有人送你小狗、小貓⋯⋯現在小鳥也找上你家去築巢，傳宗接代。」嘉琪打趣說。

「說來也好像是，」子澄想了想說，「我還收過兔子、烏龜、金魚和毛毛蟲！」

「你果然是動物磁石。」嘉琪有點驚訝，不斷滑子澄的手機，「你真的拍了很多照片。」

「由那天發現鳥巢開始，每一天上班下班，我都看看鳥巢和鳥蛋，然後隨手拍拍照片，就像探望鄰居一樣。」子澄答。

「你不怕鳥媽媽以為你會傷害鳥蛋，然後攻擊你？」

「我倒是有點害怕，因此每次我都很小心，先確定鳥媽媽不在鳥巢內或附近，我才趕快胡亂拍下幾張照片，迅速離開。」子澄說，「你看，這就是鳥媽媽，那天我被牠發現了，牠站在遠處瞪大眼睛，兇猛地盯着我，我也不敢再打擾。」

「後來怎樣？」嘉琪再問。

「大概一星期之後，鳥寶寶出生了，」子澄指着照片深啡色的鳥寶寶，「牠們不好看，眼睛還未完全發育，但我看見牠們身體微微顫動着。」

「生命如此神奇，造物者真偉大啊！」嘉琪說。

「再過幾天，鳥寶寶長大不少，身上已經長了一些羽毛，也有眼睛，只是還不懂得飛。」

「咦，為什麼只剩下一隻鳥寶寶？」

「你也發覺！」子澄詭異地説，「明明之前有三隻鳥寶寶，之後少了兩隻！」

「聽説鳥寶寶不容易存活，另外兩隻可能已經死了。」嘉琪想了想，嘗試理性分析。

「死了？那……屍體呢？屍體在哪兒？」子澄立刻滔滔不絕提出一連串問題，顯然她不能夠被説服。話還沒有説完，子澄看着嘉琪雙眼，猛然想起幾年前相似的情景、類似的對話。

* * *

「髮型師阿明的女兒應該死了。」嘉琪皺眉歎息着。

「為什麼是『應該』？」子澄追問。

「他的女兒失蹤了很久，音訊全無。我上次去剪髮時，聽見別人問及他的女兒，他説她『應該』死了。」

「死了？那……屍體呢？屍體在哪兒？」子澄提高了嗓門，肉緊地追問，生命如此珍貴，怎可能草草判斷一個人的死亡，怎可能讓一個人死得不明不白？

* * *

子澄驚覺，幾年前她向同一個人，提出相同的問題，實在不可思議。

嘉琪呆了一下，急忙說：「大吉利是，你老是在生日說這些不吉利的事情。」

「我惦念着他們，假如他們真的離世了，相信在天之靈會守護我、保佑我。」

「不要再説了，吃壽包好嗎？」嘉琪無奈地回答。有些真相無謂揭穿，有些真話無謂多說，她倆心知肚明。

那天是子澄三十歲生日，她記得很清楚，因為她終於成為三十而立的「熟女」了。

《在天之靈》

主唱：周國賢

作曲：周國賢

作詞：黃偉文

編曲：Zarahn

監製：周國賢 / Goro Wong

HAPPY
BIRTHDAY

蘇眉

「魚肉嫩滑，魚皮帶點煙韌，很喜歡那香蒜味。」

「味道鮮美，口感滑溜。」

「肉質細緻，透明的魚皮吃起來彈性十足。吃的時候感到些許果香。」

「斑球魚肉鮮甜，嫩滑得來帶點鑊氣，火候掌握得恰到好處。」

「上一次肉質比較結實，但這次的魚肉軟腍。」

「烏頭炸得很香脆，沒有泥味，只有淡淡的檸檬酸味和甘香。」

爸爸對吃並不講究，倒是對媽媽做的魚料理有一點點心得。每次他都會認真地品評魚肉的彈性、口感、嫩度和味道，儼然一位食評家。

這麼多年來，媽媽一直不辭勞苦，堅持親手做晚餐，她覺得「家」是吃上一頓熱騰騰飯菜的地方，讓家人享用美味健康的食物，是興趣，是心意，也是使命。因此，爸爸認為中肯的評價就是對媽媽最好的報答。

他經常在媽媽面前誇讚說，在家吃的魚料理絕對可以媲美高級粵菜酒家。媽媽總被逗得不亦樂乎，得意地笑着回應：「簡單的家常便飯而已。除了你，哪有人欣賞？」

爸爸不懂烹飪，但會與媽媽研究食譜，也陪伴媽媽上街市或超市。媽媽在廚房時，他幫忙洗東西或切切弄弄預備食材。當媽媽下廚時，他便看火、洗碗、佈置餐桌和試味。更多時候，他只是默默站在媽媽附近，或是在連着廚房的飯廳裏，坐在餐桌前看報紙和聽音樂。他倆這樣待在廚房就是大半天，期間很少說話，允許沉默在彼此之間生長。

或許受到長時期訓練，跟別人談到做菜時，爸爸總能夠像大廚般說得有模有樣、頭頭是道：「從在街市選魚到清洗到蒸到調醬油，都不能馬虎，每個步驟都是學問。不過，最重要是材料要新鮮，還有就是火候和時間的掌控。」

爸爸很怕魚腥味，所以媽媽特別着重之前處理和醃製魚的步驟，她通常以葱、薑、蒜頭、米酒或鹽去除腥味。她的蒸魚竅門是以自製的蒸魚醬油，蒸得剛剛好，魚肉離骨帶一點點紅，再澆上熱的花生油和博多萬能葱。

媽媽端上魚的時候，爸爸必定添一大碗飯。雖然不是山珍海味，但他總是大口大口的吃，一臉滿足說：「好吃，這道菜始終是你最拿手。」看得出他是由衷的欣賞媽媽做的菜。

小魚一直以為，因為爸爸喜歡吃魚，所以媽媽喜歡煮魚；直到去年小魚才知道，原來是因為媽媽喜歡煮魚，所以爸爸喜歡吃魚。

爺爺在生時患上失智症（腦退化症），媽媽聞說此症有家族遺傳，也聞說魚類富含歐米伽 3 脂肪酸及其他營養素，對大腦有益，並有效預防失智症。於是，她努力挑選不同種類的魚做食材，鑽研不同煮魚的方法：油浸、炒球、清蒸、紅燒、脆炸……以確保爸爸不會吃膩。

近年，隨着爸爸緩緩老去，記憶力也慢慢減退。他比以前更少說話，跟他對話時，他往往只是以微笑點頭作回應。儘管如此，吃蒸魚的時候，他仍然會笑瞇瞇對媽媽說：「好吃，這道菜始終是你最拿手。」那不只是家的味道，也是媽媽愛的味道，是味道召喚了爸爸的記憶。

「還是你最懂爸爸的心意，」小魚邊洗碗邊對媽媽說：「照顧爸爸很不容易。」

「我只是盡力做我能力範圍做到的，做菜是我可以做的。他開心時，我也會開心。」雖然媽媽沒有說出口，但小魚理解，比起不分晝夜照顧爸爸的日常起居，做菜已經是最簡單的事了。

* * *

在外地聘請傭人不像在香港般容易，再加上疫情反復，小魚曾經多次勸媽媽把爸爸送到療養院，媽媽卻很頑固，總是搬出一大堆理由來拒絕：療養院的設備不佳、照顧者不夠體貼，收費昂貴、距離家太遠、唐人餐飲不足夠、食物不適合爸爸的口味等等。說穿了，就是不捨得爸爸孤伶伶一個人住在陌生的地方，因此，這位六十多歲的長者寧願辛苦一點，也要堅持照顧另一位長者。

「日後當香港放寬入境措施，取消強制酒店隔離後，我會多回來探你們。」小魚說：「我代爸爸做廚房助手。」

「我提醒你，可不要愈幫愈忙啊。」媽媽打趣說。

小魚和媽媽相視而笑，對烹飪一竅不通的小魚好奇問：「前幾天，我在網上看到一段有關蘇眉的影片，說牠被列為瀕危物種。聽說清蒸蘇眉是一道有體面的菜，你有弄過嗎？」

媽媽沉思了幾秒，以溫柔而堅定的語氣回答：「蘇眉嘛，我的 soulmate 一直在我身邊。」

《蘇眉》

主唱：吳雨霏

作曲：吳雨霏

作詞：林若寧

編曲：陳考威（Sping Wo）/ Howie@Dear Jane

監製：陳考威（Sping Wo）/ 吳雨霏

蘇眉的英文語音 Soulmate，即靈魂伴侶。

香港於 2022 年 8 月實施「3+4」入境檢疫安排，即三日酒店檢疫後進行四日居家醫學監察，9 月改為「0+7」。

9 月 21 日是世界認知障礙症日，全港大概有十萬人患此症，每十位 65 歲或以上的人士有一位患有此症。

蝴蝶喜歡花瓣

「面對困難時，你試着把它想像成遊戲，再認真地玩就好了。」這是你的口頭禪，我的護身符。

我從來都是膽小鬼，你卻是家中和學校裏出名的大膽王。有時候我甚至會懷疑性格南轅北轍的我們是否真的出自同一父母，我或你可會是被護士調亂了的嬰孩。

你笑我笨蛋，「生人唔生膽」，做什麼事情都總是「船頭驚鬼，船尾驚賊」。我也笑你笨蛋，「膽生毛」，每每說得輕易，卻經常闖禍，被媽媽責備。口裏說你笨，暗地裏其實羨慕你天不怕地不怕，因此每次我都乖乖聽你的話。

「彈鋼琴很困難嗎？你試着把它想像成遊戲，再認真地玩就好了。」

每次坐在鋼琴前，我試着想像自己跟你在玩冒險樂園的電子遊戲機。我根據遊戲指示，把五線譜的音符運用指尖靈活地按在黑白琴鍵上，再配合前腳掌，一下一下放在腳踏上。每次完成一個小節就過了一小關，完成整首歌就過了一大關。

於是，我成功地彈奏一首又一首的樂曲，你說彈琴的我看來總是很快樂。

「走在天橋上很困難嗎？你試着把它想像成遊戲，再認真地玩就好了。」

小時候有一次，你牽着我的手走上天橋，我試着想像和你走進宮崎駿的動畫電影裏——在「天空之城」內遊玩。我想像你是巴魯，我就是那個擁有飛行石、帥氣和勇氣兼備的希達。

於是，我克服了畏高，不但在天橋上隨意行走，還跟你一起欣賞天橋上的風景，甚至跑到天橋另一端，在荃灣大會堂門前翩翩起舞，像蝴蝶似的。你說我很威風，下次要走進大會堂裏表演了。

「在眾目睽睽下演唱很困難嗎？你試着把它想像成遊戲，再認真地玩就好了。」

去年，我真的踏上荃灣大會堂演奏廳的舞台。我試着想像四周無人，你跟我玩「伏匿匿」，宛如回到童年時候。你藏在某地方，靜靜地偷看着我，不久之後，你便在漆黑中跑出來嚇我一下，你最喜歡捉弄我。

於是，我在台上盡情地唱着：「世界與你無關……重拾快樂像蝴蝶喜歡花瓣……你並不孤單」。那刻，世界與我無關，除了音樂，和你。可是，那次表演完畢，你沒有跑出來嚇我。

你說過任何事，只要把它當成一場遊戲，然後一頭栽進遊戲裏、拚命的玩，就可以克服所有困難和恐懼。

哥哥呀哥哥，我發現「跟你說再見」很困難，你可否教教我如何把它想像成遊戲，再認真地玩呢？

《世界與你無關》

主唱：陳蕾

作曲：陳蕾

作詞：陳蕾

編曲：Adrian Chan

監製：Adrian Chan

2
3

始終相信惡夢會過

「接近三年了，很多照片都沒有我的份兒。」嘴唇悶悶不樂。

嘴唇很喜歡拍照，尤其自拍。她愛美，最懷念被塗上口紅、在鎂光燈下備受矚目的日子。她明明有資格花枝招展，在疫情底下，連打扮的機會也沒有，還迫於無奈地自閉。

「我也很久沒有被拍到了。」同病相憐的牙齒說。

「乞嗤！乞嗤！」鼻子懊惱地說：「唉，長期生活在口罩下真的不太健康，害我的敏感不斷發作。乞⋯⋯乞嗤！」

縱使鼻子的生活過得不易，間中也有埋怨，但經過了差不多三年時間，他已經學會和口罩共存，就像人類和新冠病毒共存一樣。

「今日天氣很好，每天都藍天白雲，」嘴唇看出窗外，繼續以「很頹」的語氣埋怨：「可惜我都沒有機會看。不見天日太久，到底何時才可以曬太陽呢？」

牙齒回應：「快了，快了，我們很快便可以曬太陽了。堅強！」那是勉強又無力的鼓勵。

嘴唇和牙齒一直是分享笑容的最佳拍檔，但是，當他們成為疫情下的最大受害者後，就變成對方的傾訴對象，經常互相吐苦水。

「我經常被口罩蒙着，口罩把我的水分抽乾，唇紋便偷偷跑出來。而且口罩跟我的皮膚磨擦，呈現甩皮或爆裂現象。儘管我塗上大量凡士林、潤唇膏和護唇油，都是徒勞的。」嘴唇繼續大吐苦水。

「你不要埋怨好不好？保持心境開朗才是預防唇紋的最佳方法。」牙齒認真的說：「還有，你有沒有聽過『吸引力法則』呢？你愈埋怨，運氣只會愈差。

「或許，你需要看看一行禪師的《怎樣鬆》，學習正念和如何放鬆，學習在現世活出自在。」

「其實我沒有奢求什麼，只是希望回復過往最平凡的日常，跟以前一樣，就是那麼簡單。你明白嗎？」嘴唇反駁。

「世上沒有什麼是永恆，最日常的東西都可以隨時消失，幸福不是必然的。」一向內歛的眼睛終於忍不住開口。

「你不用天天被口罩遮蓋，依然可以被塗上眼線、睫毛液和色彩繽紛的眼影，依然被打扮得漂漂亮亮的。新冠疫情對你的生活根本沒有絲毫影響，你怎會明白我們的感受？」嘴唇冷冷地反問。

「面對疫情，表面上好像對我沒有影響。」眼睛嚴肅地說：「但你有所不知，可不要忘記我們的主人阿思不是普通人，她的聽力損失範圍是八十分貝，屬於嚴重程度的聽障人士。以往她和其他人談話，其實是依賴我仔細地觀察別人的口型，再加上助聽器，才能順利與其他人溝通。

「自從 2020 年 7 月實施了口罩令，所有人外出都要戴口罩，我再不能輕易看到別人的嘴唇，阿思亦不能藉着讀唇聆聽別人的說話了。

「現在，溝通成為她每天生活最大的困難。別說和朋友傾談交流，連簡單輕易的事如在餐廳點一碗雲吞麵和一杯豆漿，都成為一件艱難的事。

「後來，阿思為了避免溝通不便，只光顧有自助點餐機的快餐店。你知道一個聾人的疫下日常有多麼不便，可惜我不能幫她……唉！」

眼睛無奈地歎氣，他的愧疚來自痛恨不能盡自己的責任，為阿思解決問題。

嘴唇聽完眼睛這番話，不禁心下一沉。雖然生活在同一個人的臉龐上，嘴唇對眼睛的工作和責任卻懵然不知，也完全不察覺眼睛的難受。一直說話不多的眼睛，原來比誰都想得多。

嘴唇開始反省自己。她發現自己從來沒有設身處地為同伴着想、沒有關心他們，亦沒有考慮到主人阿思的感受，她為自己的空洞和自私感到慚愧。她和同伴們生活在同一臉孔、朝夕相對，本來就應該相親相愛；在疫情的困境下，大家更應該互相扶持和鼓勵，一起撐過難關。

眼睛續說：「不過，你們不用擔心，我們的主人阿思很豁達，她的內心是非一般的強大。縱使困難，但她仍然盡力和別人溝通，有時靠書寫文字，有時她請求別人把口罩拉低，方便讓我看到他們的口型。」

牙齒滿有正能量的說：「現在除罩遙遙無期，既然我們不能改變命運，與其每天自怨自艾，不如樂觀面對，積極過好每一天。」

鼻子和應：「對，大家不要灰，不要頹，正如歌詞：『始終相信惡夢會過』，我們要有信心，難過的日子很快便會過去，社會很快回復正常。」

「或許，我們可以學習阿思，以平常心面對。」眼睛補充，不想大家無了期地等待。

他們沉思之際，忽然聽見電視台主持人說：「行政長官李家超宣佈，

2023 年 3 月 1 日，即明日起，全面取消口罩令，包括戶外、室內及公共交通工具戴口罩的要求。」

嘴唇興奮地大叫：「你們聽到嗎？看到嗎？明日起取消口罩令？我有聽錯看錯嗎？」

「一天光晒！我們終於可以重見天日，自由呼吸了！耶！」他們齊聲歡呼。

嘴唇高聲呼喚：「阿思終於可以重過正常生活了！她可以再次運用我和牙齒展現最燦爛的笑容，再次分享快樂了！萬歲萬萬歲！」

* * *

取消口罩令後，阿思到沙灘散步，她跟太陽一起來了幾張自拍，沒有被口罩蒙着的嘴唇很開心。牙齒忽然清醒地問嘴唇：「你忘記了塗上口紅啊！你不是一直期待塗上那支日本最新款的人氣口紅，然後拍照嗎？」

嘴唇笑了笑，不假思索地說：「不用了，我覺得現在夠好了。」

《蒙着嘴說愛你》

主唱：姜濤

作曲：紹斌 / 李俊緯 / 吳周樂

作詞：陳詠謙

編曲：吳周樂 @Funkie Monkies Production

監製：Edward Chan

困頓中哼着民謠

火鍋

別說他可以一年四季都吃火鍋，我猜假如要他 365 天吃火鍋，也不會介意，因為他是一位不折不扣的火鍋狂熱分子。

認識他是疫情開始不久的時候，等待至疫情穩定，終於跟他和朋友們一起吃火鍋。

他一邊吃火鍋，一邊跟我們分享吃火鍋的經驗。每個星期，他至少吃一次火鍋。和朋友相聚吃晚飯，每每想不到吃什麼時，他便提議吃火鍋。每次試不同湯底：牛骨湯、蕃茄蟹湯、黑松露牛乳湯、椰子雞湯等。不過他說，最喜歡還是皮蛋芫荽胡椒豬肚湯。

醬油方面，他很講究。除了豉油，他還要下生雞蛋、沙茶醬、大量的蔥、蒜蓉和芫荽，說這種「混醬」才夠惹味。

至於火鍋配料，他最喜歡牛肉，所有肥牛、安格斯特選牛板腱、牛腩、手切封門柳、安格斯一口牛肉粒等，當然少不了牛柏葉、海鮮、丸類、金菇、豆腐……最後以蔬菜作結，就是大滿足。

他對吃火鍋很有研究，專業程度足以讓他把吃火鍋的理念應用在他的第二最愛——音樂上。他談音樂跟火鍋食材一樣，可以供給我們需要的養分和愉悅，是維持生命律動不可或缺的東西。

一鍋美味的火鍋需要有豐富的食材，用料上乘的湯底，以及優質的醬油，就像一首觸動人心的樂曲，必須有優美的旋律、編曲、歌詞、歌聲等各方面配合。

雖然説得頭頭是道，但他強調自己不是音樂人，只是身邊有不少玩音樂的朋友。他慨歎朋友們為了跟聽眾分享音樂，無論是製作單位、音樂人、詞人、歌手、樂隊、組合等都花光所有精力和心血、時間及金錢，合力製作歌曲和 MV，放在串流平台、YouTube、社交媒體或其他網站，最終只能夠換來有限的回報。

「音樂是有價值的，不應該是免費的。」他斬釘截鐵對我們説着。

因此，在疫情來襲初期，他創立一個流動應用程式，採用嶄新科技區塊鏈，讓音樂人，尤其獨立歌手或組合，可以把音樂作品，連同一些售後項目（after sales items）、利基產品（niche items）、數碼產品（digital items）、線上線下的表演活動（online and offline shows）等等放上平台，讓歌迷選購。他希望讓喜歡音樂的歌迷用真金白銀支持音樂人，讓音樂人得到鼓勵之餘，也可以得到資源，繼續創作優質的音樂。

「比起一人一鍋，我還是比較喜歡多人一起涮一個大鍋。」他笑着説。他喜歡熱熱鬧鬧的、跟一大班朋友一起完成一件有趣的事情。

我輕聲哼一句歌詞來回應：「『其實寂寞，就如自己一個吃火鍋。』」

吃什麼不是最重要，重點在於跟誰吃，一個人吃火鍋太寂寞了。他明白創作音樂跟吃火鍋一樣 —— 人愈多，愈快樂。他要讓更多人一起快樂地玩音樂，希望凝聚音樂人和歌迷，造就音樂人和歌迷之間交流和互動，那是他創立音樂平台的初衷。

音樂人可以透過平台去宣傳自己和音樂，讓更多人看見，讓更多人聽見。另一邊廂，他希望給予歌迷機會去發掘主流之外的音樂，提供更多音樂種類的選擇，就像火鍋店有不同湯底、醬油和食材。

對於音樂和火鍋，他同樣喜愛，嘗試把它們的距離拉近，於是索性把平台命名為「音樂火鍋」（Music Hotpot）。

「湯裏的那片牛肉已經煮熟了。你先別哼唱，吃，就對了。」他打趣説道。

《其實寂寞》

主唱：謝安琪

作曲：徐繼宗

作詞：林夕

編曲：Jerald / 林知秋

監製：麥浚龍 / Jerald

天清氣朗

我身邊有一位「神奇女俠」，神奇在於她在疫情期間，製造了兩個「寶寶」。

她熱愛歌唱，於是創辦一所歌唱學校。她熱愛黑人福音音樂（Black Gospel Music），於是成立一隊黑人福音音樂的合唱團。她把音樂帶入生活，再把自己放進音樂的懷抱裏，以音樂圍繞着自己，就是她喜歡音樂的方式。

她製作過不少音樂會，神奇在於她能夠一手包辦幕前和幕後的工作，包括統籌、宣傳、演出、司儀等等。每次她都花盡心思去策劃音樂會的節目程序和設計歌單，透過不同歌曲去訴說故事。除了幕後的策劃，她也率領合唱團的隊員，以歌聲帶動觀眾走進故事，繼而反思自身。

2021 年，她策劃了一個在書店舉行的音樂會。音樂會前一天，她緊張地說着為了準備音樂會事宜，沒有足夠時間練歌和綵排。我說不用擔心，我知道她其實準備很充足，而且歌唱對她來說，是一件比日常更日常的事，就好比說話一樣。而且，盡力就好，享受音樂和演唱才是重要事。

自幾年前認識她之後，慢慢地被她感染，我開始留意黑人福音音樂，那是源自非洲裔美國人傳遞基督教價值的音樂。雖然她不時介紹一些歌曲給我，但欣賞現場的演唱，還是第一次。

那天在書店，她帶領着合唱團成員演繹了 *No Longer Slaves*，那是一首有關免於恐懼的歌曲，傳遞着一種信念，只要有足夠的愛，便可以脫離恐懼。那首歌提醒我們不要成為恐懼的奴隸，就算經歷黑暗，仍然要抱持那份不可或缺的盼望去過生活。

最深刻是合唱團以多重人聲製造出澎湃的力量，這類激昂的音樂能夠帶動聽眾的情緒，身體會不由自主地跟隨節奏擺動，慢慢起了跟着合唱團一起高歌的慾望。那次我感受到情緒釋放了，整個人好像充了電似的充滿力量。那是我真正感受到黑人福音音樂的震撼。

其後，她在台上唱着另一首歌：「靜待一雙眼的對望，靈魂對了，利刺變得好看。讓目光感覺無限的嚮往，發現暴雨裏，自覺仍天清氣朗。」

那刻，我被感動了。

神奇的是，2023 年 2 月，當她在另一個舞台唱着同一首歌，我再次被感動，那是通往靈魂之窗的音樂。她就是有一股神奇的力量——以歌聲觸動心靈。那是一首在我血液裏的作品，由作曲人給我的

demo，到我填寫歌詞、歌者演唱、製作等，然後被她重新演繹。兜了一個大圈，我再次從另外一個角度去欣賞歌曲。歌曲透過她，跟我內心對話，以致提醒、鼓勵。

原來，那就是創作歌曲的價值和意義。

音樂會完結後，我在回家途中，猛然想起她幾年前跟我分享她的夢想。這幾年間，她由零開始建立兩個「寶寶」，經歷不少辛酸和沮喪，但她從來沒有想過放棄，依然繼續努力不懈、排除萬難，為自己的夢想而活。我發現她不只追逐夢想，更一步一步成為夢想的本身，她就是神奇。

2023年年初，在某歌手的演唱會中，她和合唱團的成員，昂首闊步、一步一步踏上一個更大的舞台——紅館。她讓黑人福音音樂被更多人認識和聽見，她再次創造了神奇。

我當然知道，神奇的背後，是她海量的勇氣和堅持。她從來沒有停止努力，也沒有停止勇敢。

《刺》

主唱：Michael Luk

作曲：Michael Luk

作詞：連倩妤

監製：John Laudon

浪漫到一起惹絕症

跟雙魚座女生談論「愛情」很好，她擁有浪漫體質，特別喜歡聊這種話題，不會隨口敷衍你之餘，更會喋喋不休的跟你分享經驗；只要你願意，她會跟你談論愛情直至天昏地暗。

身邊有一位太陽、月亮、上升都是雙魚的超級雙魚座，是名副其實的「浪漫到一起惹絕症」那種，因此，我們每次見面都總會談論「愛情」。

儘管她的信仰是古典音樂和廣東歌，其實最迷信宿命論。她深信冥冥中自有安排，終究會有一個人讓你明白愛情是怎麼一回事。

有次，她毫無懸念：「愛上那個人是最理所當然的事。」繼而輕輕哼着：「當你前來，竟感慨喜歡你比生與死應該」。

我問：「假如你愛的人並不愛你，又或不能跟你一起呢？」

她說：「世上不是每段愛情都要在一起，愛一個人也並不代表要擁有他。世上總有一個人，只是單純的遇上了，就足以讓你覺得人生值得，感到滿足、幸福，一輩子不枉此行了。看見他快樂，你比他更快樂；因為他快樂，所以你快樂。」

* * *

當我在倫敦旅遊時，我們為了爭取時間見面，便相約在她就讀的 The Royal College of Music。我心想，學校就在 Royal Albert Hall 音樂廳對面，對於這位未來的演奏家、指揮家或作曲家來說，不是世界上最幸福的距離嗎？

我在外面欣賞學校的建築外觀，感覺跟她的氣質相符，心裏讚歎一輪並拍下大量照片後便走進學校。正門掛滿人像畫，周圍的牆壁貼滿大小音樂會的海報，我自顧自的東張西望，就像一個好奇的小孩子走進遊樂場似的。

她還沒有下課，我就趁等待她的時間獨自逛學校的博物館 The Royal College of Music Museum。博物館於 2021 年底建成，收藏了很多早期及稀有樂器，目不暇給。當看到那裏有幾台大鍵琴 (harpsichords)，我彷似發現新大陸似的，興奮地傳送照片給她，完全忘記她是那兒的學生，大抵看過那幾台大鍵琴八萬五千次。她當然沒有回應那些照片，只回我短訊:「我快下課了，到學校門口等。」

她從遠處笑盈盈的走來，我們先來了一個大大的擁抱，然後一邊閒談近況，一邊走到她的工作室。當我走進她那寬敞的工作室——琴房，目光就落在那部黑色 STEINWAY 三角鋼琴上。她看到我的眼神，便說:「坐上去試彈吧！」

儘管心裏滿有百分百好奇心，我卻沒有勇氣在她面前班門弄斧。她見我害羞，便自動走到鋼琴前即興地彈了幾首流行音樂，最後一首是 Yiruma 的 *River Flows in You*。

她彈完後，我不知為何，忽然心血來潮說：「Yiruma 寫歌給愛人作為定情禮物，他很浪漫。」那刻，我們又開始談論「愛情」。

「你真的如此覺得？」她搖搖頭、不認同。

「看雪景？」「不浪漫。」

「看星星？」「不浪漫。」

「收到 999 枝玫瑰？」「不浪漫。」

「在遊樂場坐摩天輪？」「不浪漫。」

所有我以為浪漫的，她統統都說不。那什麼才是浪漫？我問。

她想了想，說：「我曾經創作一首歌，是一個虛構的故事和人物。怎料我創造的故事主角，竟然活生生的恣意闖進我的生命裏。

「我看見他，有種似曾相識的感覺。我覺得莫名其妙，心裏想，為什麼他在這裏？」她說。

她常說音樂像是器皿，把自己的想法裝在那個載體內，以音符拼湊出故事情節和氣氛，就是她所謂的「用音樂來寫故事」。她以彈奏方式娓娓道出那個「故事」和「那個人」，旋律中呈現她獨有的浪漫。

聽着聽着，我覺得很離奇，一臉疑惑的神情；她彈完那首歌，問：「你有沒有聽停過麥浚龍的《True Romance》？」

我搖搖頭，她知道單憑旋律，不能完全具體的解釋，便唱出歌詞：「最好抬頭就有美麗一種，像泥地看畫眉，未明白已嫵媚……你竟因我悠然飛到。」

「他就像小鳥悠然飛進我的生命裏。」她說。

聽罷，我似懂非懂，問：「那算是一見鍾情嗎？」

「不是一見鍾情的，我只是在人羣中看見他，然後認得他。」她有點害羞回應道。

「後來怎樣？」「後來，大家成為朋友，聊起無聊的東西總是笑到沒心沒肺的。」她的臉頰露出尷尬的粉紅，樣子好像嚐到愛情最美好的滋味。

「他帥嗎？有型嗎？」我好奇問。

「他不是有型的型，是熒光的熒。」她說。我聽到那答案，瞧瞧她的臉，她睜大眼睛，再瞇起來：「他是一抹穿入我瞳孔的光，如此奪目耀眼，光亮得刺眼。」

她再走到鋼琴前，以最簡單的和弦伴奏着唱出：「熒光，熒光，你是熒光……」歌唱和彈琴之於她大概都是與生俱來的本能。唱完，她收起笑容，轉過頭說要告訴我一次經歷。她凝重的神情和詭異的聲線，彷彿將要告訴我一個魔幻故事。

「某夜，我身處於地球的另一面，隔着大氣電波，只是聽到他的聲音，已經看得見他美麗靈魂在閃閃發亮。那是我一生中遇見過最浪漫的事。」說完後，她繼續彈奏《熒光》。

回酒店途中，我認真的想，當我們兩位雙魚座談論愛情時，我們在談論什麼？

《無人之境》

主唱：陳奕迅

作曲：Eric Kwok

作詞：黃偉文

編曲：Eric Kwok

監製：Eric Kwok

《燚光》

主唱：陳蕾

作曲：陳蕾

作詞：陳蕾

編曲：Perry Lau

監製：Adrian Chan

《你前來·我過去》

主唱：麥浚龍

作曲：Vincent Chow

作詞：林夕

編曲：伍樂城

監製：伍樂城 / 麥浚龍

《True Romance》

主唱：麥浚龍

作曲：周國賢

作詞：周耀輝

編曲：恭碩良

監製：麥浚龍 / 于逸堯

騰空耍廢怎算偷懶

我認識一個「怪人」。

我跟她是有緣的，她是我的中學舊同學，也是我的街坊。

她的皮膚黑黝，面上架着一副粉紅色膠框眼鏡，眼睛被額前的瀏海遮蓋了一半，頭髮很亂，個子瘦小，是一個不修邊幅、被風吹得起似的瘦弱女生。最怪是她穿衣不分季節，就算在酷熱警告下，也會在校裙外加穿長袖冷衫。

她的書桌跟她的外觀一樣，都是亂七八糟的，加上笨手笨腳，當她站起來，或從桌上的雜物堆找東西時，總會推跌半張桌上的東西，然後發出啪啦啪啦的噪音，再露出尷尬的微笑，我覺得她「遴遴迍迍」、滑稽無比，十足卡通人物似的，往往忍不住偷笑。

不確定是她善忘，還是粗心大意，她不是忘記帶書本或運動服，就是忘記帶文具，帶齊了所需要的，卻又忘記交功課，到功課交齊了，卻被發現漏做題目。

上課時，她老是發呆或望出窗外，考試成績僅僅合格，被老師投訴不專心上課、不求上進。雖然她不用留班，但多次被老師好言相勸，認為她有能力做得更好。她臉上露出愛理不理、滿不在乎的表情，把所有老師氣壞。

她是獨家村，身邊好像沒有朋友似的，對同學的事從來都是不聞不問。她幾乎任何時候都是獨來獨往的，一個人上學，一個人放學。在校園裏，她很少跟同學談話；小息時，總是戴上耳機，獨個兒在操場的角落靜靜地坐着。每天放學鐘聲一響，她便立刻拿起書包，一聲不響地離開。

她的行為舉止，被老師和同學標籤為不合羣、懶散、馬虎和「遴迒」，甚至被懷疑天生自閉，老師把她轉介輔導。對於別人的批評和目光，她統統不理，堅持我行我素，後來也被稱為「不要臉」和「厚面皮」。雖然如此，我並不討厭她，反而對她產生好奇，甚至欣賞她貫徹始終地「做自己」。

中學那幾年，曾經跟她多次同班，可是甚少交談。直至中五那一年，有一次，她不小心推跌桌上的東西，當我幫她拾起手機時，留意到她在聽陳柏宇的歌，多口問了一句：「你喜歡他的歌嗎？」她點點頭，問：「你也喜歡嗎？」我說很喜歡，尤其喜歡她聽的那首《想創》，她睜大了眼睛，我猜應該是因為我懂得那首歌而感到很驚訝。

自那天開始，我成為她唯一的朋友。也因為她和我同樣住在沙田，有時剛巧在校內碰面，便相約一起回家。

回家途中，總會經過沙田公園附近一條架空走廊，我們喜歡停在那兒，一邊俯瞰着公園的景色，一邊交換心事。原來除了陳柏宇，她還喜歡麥浚龍、林家謙、岑寧兒、Gareth. T、MIRROR、Dear Jane、Bruno Major、Taylor Swift、Billie Eilish、BLACKPINK、BIGBANG、周興哲、蔡健雅、南拳媽媽、宋東野等等等等。我說她好像什麼歌手都喜歡，她說我沒錯，還笑着說只要看過某歌手的紀錄片，就會立刻愛上那個歌手。

最初我以為她是迷偶像，但她在閒談間，偶爾跟我說什麼聽一首歌的價值、一張專輯背後的意義、歌手的演繹方法和創作人做音樂的理念。她亦會跟我討論不同歌曲的旋律、編曲、和弦、音程、段落與段落之間的連接與變化、不同樂器的配搭和彈奏的方法營造歌曲不同氣氛、轉調去改變歌曲的色彩等等。然而，所謂的「討論」，其實大部分時間都是我聽她說，我喜歡聽她分享對音樂的看法。說來奇怪，平時她說話很少，但一討論到有關流行音樂的話題，她就滔滔不絕，仔細和準確度可以媲美那些專業評論。

大部分同學都會把零用錢花在化妝、打扮或吃喝玩樂上，但她只會花錢在音樂上，她喜歡買琴書、樂譜和作曲的電腦軟件。後來我發現，她每天步行上學和回家、午餐只吃麪包，就是為了省下零用錢來購買一部可以製作音樂的MacBook。

有一次，她播了一首動聽的歌，我問她是哪位歌手的作品，她告訴我那是她的作品，花了差不多一個月時間，一手包辦了作曲、填詞、編曲和演唱。她的音樂才華當然叫我讚歎，但真正教我欣賞的是她的用心和認真。她還興奮地告訴我那作品已經獲唱片公司採用，有可能會被重新製作，然後正式發行。我替她高興之餘，也想像假如她肯把三份一製作音樂的時間和精力投放在學業上，大概會有不錯的成就。

中六文憑考試前夕，我緊張得失眠，臉上長了很多暗瘡，放學回家路上我跟她訴苦。我們一如既往的步行到沙田公園附近的那條架空走廊上。

「你知道嗎？學業和考試是重要的，但並不是我們人生的全部。」她說。她拉我走到一個看到樹影的地方，我們一邊靜靜看着徐徐移動的影子，一邊聽歌。其中有一首歌，歌詞是這樣的：「呼吸放輕放慢，靈魂寧靜裏感受」。

聽完那首歌，她叫我找個舒服的位置坐下，捲起了衫袖，但不是刻意的，我留意到她左手前臂內側有一條條瘀紅色凸起的傷痕。她發現我呆看着，便說：「我曾經患上抑鬱症，在煎熬難捱的日子，只可以𠛾手減輕痛苦。」她沒有繼續說，我也沒有再追問，不過我知道了她穿長袖衫的原因。

我聽着她的指示：閉目、一呼、一吸、回到當下。她說要感受自己的呼吸，感受當下的一瞬間，那是她減壓的方法。

「剛才你最後播的是什麼歌？」我好奇的問。

「是 Frankie Yip 的新歌《懶散》。」她說。

「你喜歡嗎？」我問。

「喜歡啊！歌詞有一句『騰空耍廢怎算偷懶』，我覺得終於有人明白我了。」她笑着說。

我也終於明白了，在混沌的日子，她理解「懶散」之必要，那是她對抗痛苦和壓力的方法。當世界不再溫柔，她需要善待自己，以「騰空耍廢」來擺脱現實。不過，她騰空耍的其實不廢，選擇自己喜歡的東西，然後一頭栽進去，並做得有聲有色。

她這個「怪人」一點也不怪。

《懶散》

主唱：Frankie Yip

作曲：Frankie Yip

作詞：連倩妤

編曲：Frankie Yip

監製：Frankie Yip / M. Thyme

烈女不怕死

一名身穿避彈衣、手持半自動步槍的長髮女子小心翼翼的視察四周，獨自闖入黑幫巢穴，穿越了一場激烈的槍林彈雨。以上女版「英雄救美」的畫面來自於小魚的幻想，一切從姨姨的經歷開始。

有一位喜歡説故事的姨姨是一件幸福的事。從小開始，小魚便喜歡聽姨姨説故事，也許為姨姨從事電影行業的緣故，她的故事總是有聲音有畫面的。

那天，小魚約了姨姨在酒店大堂餐廳吃飯。一如既往，姨姨負責説話，小魚安靜地傾聽。

「年輕的時候，我是一名烈女。」姨姨一邊喝咖啡，一邊認真説。

小魚很久沒有聽過「烈女」這個詞語，睜大眼睛，疑惑地看着姨姨。

「幾十年前，有人未取得我的同意，便肆意播放我製作的幾套電影。那人住在台灣，我便跑到那裏找他討回公道。」姨姨淡淡然説。

侍應生把兩份主菜遞上，小魚待她離開才低聲問:「你一個人跑到台灣？」

「對啊，當時我只有二十多歲。」

「你不害怕？」小魚很詫異。

「哪有害怕的理由？他侵犯了我的版權，我追討賠償，那是天公地道的。」她理直氣壯的説着。

小魚立刻幻想一位帥氣短髮女子，攜着一個手提行李，毫不畏懼的步出台北的機場，每個慢鏡影像都充滿型格的視覺效果。

「你為什麼不多找一個朋友陪你去台灣？」小魚問。

「我一個去就可以了。」

「但，你是一位弱質纖纖的女子，單獨到異地拜訪陌生人，怎肯定他不是壞人？有考慮自身安全嗎？」小魚用責怪的語氣質疑着。

也許當時年紀小，姨姨實在太衝動太不成熟。雖然事隔多年，此刻她也安然無恙在面前，但是，對於當年草率的姨姨，小魚還是有種莫名的生氣。

「我沒有想太多，只希望儘快把事情處理好，取回我應得的版權費。」姨姨承認自己疏忽：「現在回想起來，我才懂得害怕，真的沒有搞清楚他是什麼人。」

言下之意，到姨姨也不排除對方是壞人的可能。不知怎的，小魚立刻想到他是黑幫老大，接着便聯想到《無間道》和《古惑仔》系列的電影，那是小魚對黑幫僅有的認知，頓時覺得姨姨的經歷很有「江湖」味。她愈想愈覺得事情可大可小，甚至可怕，恨不得時光倒流，回到那個當下，陪伴和保護姨姨。

「後來怎樣？」小魚焦急地問。

「幸好，」姨姨氣定神閒的説：「兩位工作夥伴在我抵達台灣之前已經為我打點一切。」

小魚望望四周才問：「工作夥伴？」

「對，當時我有一所經理人公司，兩位工作夥伴原來一早致電給台灣一位武術演員，吩咐他要好好照顧我。」她説了幾位電影圈前輩的名字，小魚一個也不認識。

「你竟然沒有聽聞過他們？」姨姨看到小魚搖頭，也搖頭歎氣：「小魚，你真的很『背』！」

對於那個「背」字，小魚倒是花了幾秒才掌握姨姨的意思，被形容「背」（孤陋寡聞）的她，覺得尷尬又無奈。孩童時的她大概連電影是什麼也不知道，懂事後離開香港，定居於地球另一端，她不認識香港電影、不知道那些電影前輩和演員是正常不過的事。不過，她沒有反駁，反正沒有必要，只追問：「那後來呢？」

「後來，台灣的那位武術演員跟我碰面，叫我先回香港，他會為我處理事情。我聽了他的建議，兩星期後便收到版權費。」姨姨說得輕描淡寫。

小魚替死裏逃生的姨姨鬆了一口氣，說：「你是幸運的烈女。」她感到慶幸，卻對故事結局有些失望，認為少了曲折離奇的情節和衝突，也就欠缺張力。她對那位武術演員很好奇，想知道他如何「擺平」事情，卻害怕姨姨再次嘲笑她「背」，最終放棄追問。

小魚幻想當年姨姨萬一不幸落在黑幫老大手中，她該如何拯救她？或許，她會先偽裝成一副凶神惡煞的模樣，以一股霸氣去跟黑幫老大講數；她會學習電影中的角色，帶十枚八枚手榴彈傍身，以備不時之需；面對一幕幕驚險的槍林彈雨，她冷靜應對，再運用機智迅速逃離現場⋯⋯

小魚想，無論如何，為了姨姨，哪怕再危險，她還是會毫不猶豫、奮不顧身去營救。她痛恨自己體質孱弱、平時太懶惰，沒有運動鍛鍊體能，身手不夠敏捷，跑幾級樓梯便喘氣，蹲下站起來會頭暈。假如笨手笨腳的她將要達成任務之際，卻在最危急的關頭，跌倒在地上，那是多滑稽多丟臉的事。想着想着，她失笑了一聲。

「你笑什麼？」姨姨問。

「沒有，想起好笑的往事罷了。」小魚回答：「我們埋單，我陪你到診所打第四針疫苗吧！診所在附近？」

* * *

第二天下午，小魚傳了一個訊息問候姨姨，叮囑她要多喝水和多休息。

「我昨天不是叫你放心嗎？我一點反應也沒有，今天依舊出街見朋友、飲茶和打牌。」

小魚看到她的回覆，腦海中閃現了「烈女不怕死」這句歌詞。那一刻，小魚恍然大悟，所謂的家族遺傳原來真有其事。她回想，上世紀八十年代，姨姨單人匹馬跑到台灣追討電影版權費；九十年代，媽媽帶着三名子女隻身移民加拿大；到了二十一世紀，小魚單獨回流香港工作；三位女子的共通之處是「不識死」和「不怕死」。

顯然，小魚秉承家族的（不）優良傳統，儘管什麼都沒有，心口依然掛着一個「勇」字。

原來小魚也是烈女。

《烈女》

主唱：楊千嬅

作曲：雷頌德

作詞：林夕

編曲：雷頌德

有什麼的吸引

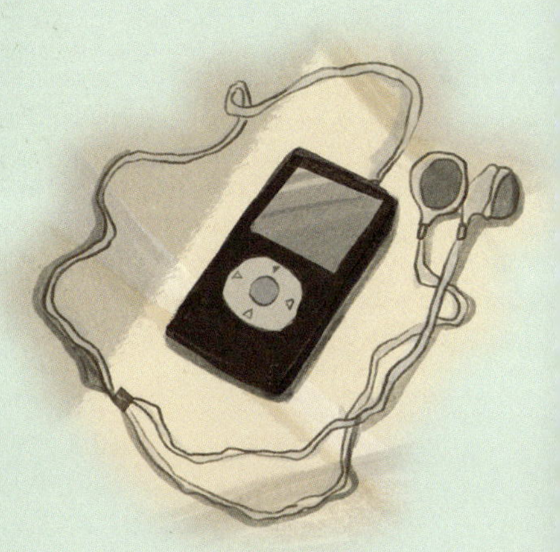

有一位女生，小學時候跟隨家人由香港搬到一個老遠的國家定居。女生的媽媽跟普遍的華人母親一樣，希望女兒繼續學習中文，便安排女兒每逢星期六上中文學校。

可惜女兒的學習成果並不理想，不肯留心上課，也不肯認真做功課。儘管媽媽軟硬兼施、用盡所有辦法，女兒就是連一本中文書也不願意讀，更遑論書寫中文。媽媽感到懊惱，她認為身為中國人，應該具備基本的中文水平，至少懂得閱讀中文報紙。然而，媽媽很清楚女兒倔強的性格，知道強迫女兒依從是不可能的事。

當媽媽正想放棄之際，無意中留意到當她播放張學友的經典作品時，女兒不只豎起耳朵聆聽，還看着歌詞哼唱。媽媽發現「聽唱廣東歌」可能是女兒接觸中文的唯一誘因後，比以往更頻繁的在客廳裏播放廣東歌。別的家庭是「電視汁撈飯」，她們的家庭就是「廣東歌撈飯」。每晚，全家人圍着餐桌，一邊吃飯，一邊聽着：「仍難盡信我是這樣地無窮好運，能遇上精彩的你」。

為了鼓勵女兒，媽媽帶女兒逛唐人店舖，允許女兒選購一張 CD。當時還沒有串流音樂平台，買正版唱片，大概是最直接簡單的聽歌方法。媽媽每幾個月只允許她購買一張唱片，因為機會難逢，女兒每次都千挑萬選，從芸芸唱片中挑選一張自己最心愛的。

那年，女生擁有人生第一張自己揀選的CD，是容祖兒的新曲加精選唱片。曲目都是她喜歡的大熱派台作品，例如《痛愛》、《爭氣》、《阿門》、《逃避你》等。女生為撿到寶而興奮，也為自己第一次便選購了世上最物超所值的唱片而驕傲。

從此，那個家庭的「廣東歌撈飯」時段就變成一邊吃飯，一邊聽着：「仍然難禁，看着你這個壞人，有什麼的吸引」。女兒特別迷戀容祖兒的情歌，吸引在於容祖兒的演繹，總給人感覺好像是一個好朋友，用音樂分享她的心事。聽着聽着便自然地走進她的世界，跟她同悲同喜，陪她一起哼唱、一起歡笑、一起流淚，然後想反復聆聽，一次、兩次、三次……

女兒認為，只要每天把同一張唱片循環播放，聽完又聽、學懂唱片內的所有歌曲、把歌詞背得滾瓜爛熟、聽到前奏的瞬間便認出是哪首歌，甚至連唱片的曲目次序都記得，就稱得上是忠實粉絲。那是她遠距離「迷偶像」的方式。

那是一個盛行專輯的年代，很多歌手每年至少發行一張十首歌曲或以上的專輯。自那張精選專輯以後，女生一直收藏容祖兒的唱片，包括《我的驕傲》、《Nin9 2 5ive》、《Bi-Heart》等，統統都是她的心頭好。

當廣東歌成為她學習中文的最大動力，「聽歌認字閱讀中文」便成為自學或進修的最有效方法。雖然不是百分百清楚歌詞內容和細節，但她至少主動去理解什麼是密友、罪魁、薄情、寒暄，甚至好奇一些四字成語的意思，例如早有預謀、迴光返照、心甘命抵、一拍兩散、故弄玄虛等等。

每次唱卡拉 OK，她必定點播容祖兒的歌曲，尤其當她失戀、感到受傷的時候，拿起咪便盡情唱着：「喜歡你讓我下沉，喜歡你讓我哭……喜歡你待我薄情，喜歡你為人冷酷……」她似乎覺得，只要唱完一首又一首慘情歌、大灑一輪狗血後，一切都會變好。

除此以外，她亦愛上抄歌詞，在卡紙上用不同顏色的水筆抄寫喜歡的歌詞，加上簡單插圖或動物貼紙作裝飾，就成了她自製的手作書簽。

後來，媽媽知道女兒喜歡歌詞，不知道從哪兒找來兩本詞人撰寫的書送給她。女兒看見封面上的名字，雙眼發光。兩本書與歌詞其實沒有太大關係，不知道有什麼的吸引，就是讓她看得津津樂道，愛不釋手，讀完又讀。

女兒發現，好的書可以一直讀下去，正如好的歌可以永遠聽下去一樣。

多年後，在疫情最嚴重時，女兒乘飛機由香港跑到老遠的國家，親手送了一本中文書給媽媽。媽媽的目光落在封面上一個熟悉的名字，再看看女兒，媽媽的雙眼發光——眼泛淚光，伴隨是一臉不可思議和難以置信的表情，以及沒有說出口的感歎：「原來我個女『識字』㗎！佢唔係文盲嚟㗎！」

《痛愛》

主唱：容祖兒

作曲：陳輝陽

作詞：黃偉文

編曲：陳輝陽

監製：陳輝陽

ALL THE BEST
MUSIC LOVER
HALIOSEU

生活是一首情歌

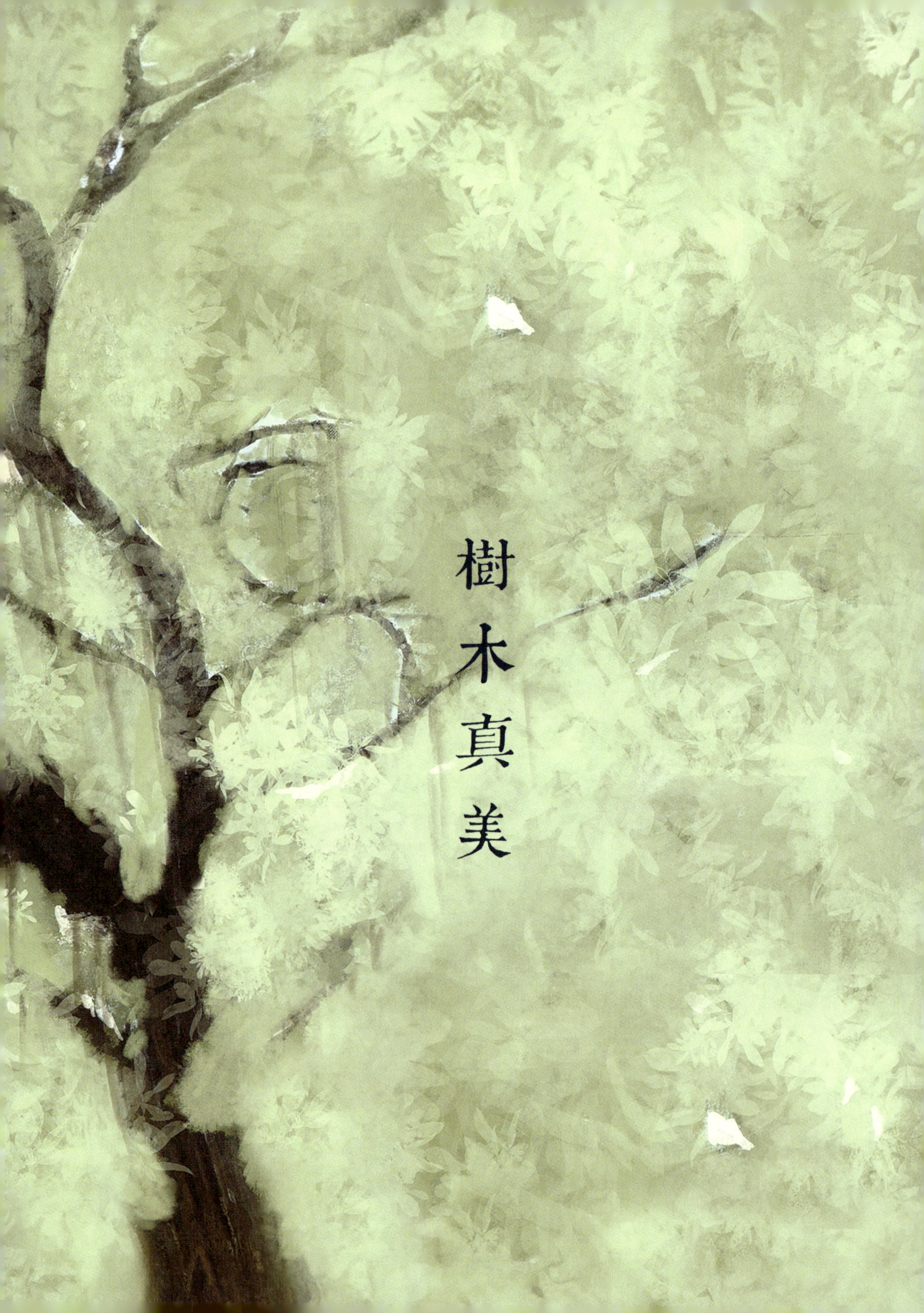
樹木真美

「樹木會走路的。」子澄斬釘截鐵地說。

對於如此天方夜譚的論述，嘉琪沒有過分驚訝。嘉琪早已習慣子澄的天馬行空，只是放慢了腳步，看了子澄一眼。

「我忽然想起那棵樹。你提到的建築項目的那棵樹。」子澄耿耿於懷。

「你指位於基地正中央的那棵大樹？」

子澄點點頭，皺起眉頭，認真問：「你說那地方太小，要把那棵樹砍掉。你是該項目的建築師，可以放生那棵樹嗎？」

「建築師也不能做決定。」嘉琪歎氣：「假如地契上有該樹的紀錄，經過樹藝師的評估，證明樹木屬於瀕臨滅絕或稀有品種，具有商業價值和可作觀賞用途，即具有保育價值，樹木便受到保護，免除被斬的危機。」

「你們會怎樣安排呢？」

「假如樹木需要保留，我們會安排把樹移植至另一個地方。但是過程繁複，可能涉及龐大開支。」

「你會努力爭取嗎？」子澄忽然停下腳步，捉緊嘉琪的手臂。「一定會，我會盡力的。」看到子澄一臉凝重，嘉琪不敢敷衍她。

過一會兒，子澄再次重提：「樹木會走路的。」

「會走路的樹？你是指榕樹？」嘉琪問：「我知道榕樹不斷生出氣根，氣根接觸泥土後就會逐漸變成樹幹，長的愈久，樹的範圍就愈大，樹木就好像在移動一樣。」

「啊！原來榕樹也會走路的！」子澄恍然大悟：「不過，我想說的不是會長氣根的榕樹，而是真正會走路的樹。」

「難道樹木有腳嗎？」嘉琪打趣說，剛巧經過一棵樹，她圍繞樹走了兩圈，開了手提電話的燈光，低頭仔細看着樹根。

「樹木沒有腳，但會走路。」子澄娓娓道來：「小時候，我在多倫多北面一個小鎮住了大半年。每天下課後，我和妹妹跟着住在附近的孩子們跑來跑去，每天必定跑到一棵樹下喃喃自語。

「我和妹妹很好奇，後來才發現他們在跟樹說話。」嘉琪睜大眼睛看着子澄。

「小鎮需要發展新項目，先要開闢一條公路。當時那棵樹正處於動工的土地中央。孩子們知道大人將會砍掉那棵樹，嘗試苦苦哀求，可惜大人沒有聽取他們的意見，他們唯有另闢蹊徑，天天跑到那棵樹旁邊跟樹打氣，叫樹走開，以免被砍掉。」

「後來怎樣？」嘉琪追問。

「後來我和妹妹也對樹說話：『乖啦，你走開一點，否則會捱斬了。』那棵樹很聽話，每天移開一點點，最後遠離了工程位置，得以安全保留，避過被斬一劫。」子澄微笑說。

「世事真的無奇不有。」嘉琪感到鼓舞。

「樹木有生命，聽懂人們說話和懂得移動不足為奇。」子澄說：「不過，樹木倒真是不可思議的。」

嘉琪思量着，過了半晌才說：「那些小孩子很有愛心，一直不停勸喻樹木，可以想像他們有多珍視樹木。」

「小孩子們喜歡在樹林玩耍。樹木時常為他們遮蔭擋雨，他們享受樹木給予的陰涼，覺得樹木是好朋友。小孩子大概沒有放棄的概念，亦打從心底相信樹木和自己，因此一直堅持。」子澄笑說。

「假如小孩子們覺得不可能，或是覺得困難便放棄，樹木便會被人砍掉，」嘉琪斷然和應：「可幸是他們憑着信念，不斷嘗試。」

她倆沉默地步行，幾乎抵達港鐵站口時，嘉琪忽然說：「今晚我想坐渡海小輪過海。」

跟子澄告別後，嘉琪獨自走到天星碼頭，上了深綠色配象牙白的渡海小輪。她走到雙向木椅靠大海的位置坐下，呼吸帶有海水味的空氣，一時遠望維港夜景，一時凝視着浪花。她戴上耳機，撥弄手機隨意播放了一首歌曲：「從何時講起那個偏執的我那樣傻……」

《樹木真美》

主唱：Serrini

作曲：Serrini / Frankie Yip

作詞：Serrini

編曲：Frankie Yip

監製：Frankie Yip

苦吃夠總會堅壯

我是「容姨」，自我出生那刻開始，便居住在山頂盧吉道。

每逢假日，很多一家大小到山頂行山，路過都跟我點頭微笑，也有遊客特地來拜訪我。他們碰見我時，總喜歡凝視着我濃密的秀髮。他們大概覺得我獨一無二，爭相跟我拍照，一臉仰慕的神情，往往讓我誤以為自己是大明星。

我在這兒生活了接近一個世紀，陪伴着一代代香港人成長，也見證着一個個時代的變遷。

別以為我一把年紀很健忘，對於香港的歷史事件：香港保衛戰、香港重光、雙十暴動、六七暴動、地下鐵路通車、《中英聯合聲明》、香港特別行政區成立、SARS 爆發等，我統統都記得一清二楚。

我出生於英國殖民管治時期，見證着這個地方的經濟發展。英國把這個小漁港打造成為國際金融和貿易中心，同時也是旅遊、購物和美食天堂，更被譽為「東方之珠」。

這個地方有趣在於保存了傳統中國文化的精髓，也崇尚西方民主、自由、平等、法治、公平、正義的價值觀。不過，最讓我感到自豪的，還是香港人那種刻苦耐勞和永不言敗的拚搏精神。

說到香港人精神，不得不提那位住在附近的阿柏。幾十年前，某一個滂沱大雨的晚上，年輕的他不幸被雷電擊中，倒臥在地上奄奄一息，我以為他難逃厄運，怎料他居然奇蹟地存活下來，之後還快高長大，現在長得非常清秀好看。

另外，遠處的那位相思妹，之前被發現身體嚴重傾斜，導致健康及結構狀況欠佳，去年更被細菌侵襲，生了一場大病。在瀕死之際，幸運地遇上一位優秀的醫生把她治好，你看她現在亭亭玉立、極具美態的樣子多吸引。

其實不只他們兩位，我和很多同伴歷年來都吃盡苦頭，尤其每年夏季，總要捱過暴雨和強烈颱風吹襲。

正如那句歌詞「苦吃夠總會堅壯」，我們跟很多香港人一樣，都是倔強剛勁、具有頑強生命力的。我懷疑，只要在這裏生活過的，都擁有那種「獅子山精神」。

回顧過去幾年，香港經歷多番風雨，除了社運，還有疫情，經濟受到重創，城市發生翻天覆地的變化，不一樣的風景總叫人唏噓。然而，我依然心存盼望，這兒的人是非同凡響的，我相信他們一定會走出陰霾，擁抱陽光，展露最燦爛最開懷的笑容。

聞說很多人移居外地，我理解香港人對回歸後的種種不適應，就像借腹生養的小孩，回歸原生家庭的無奈。有些人努力嘗試適應，也有些人選擇前往另一片土地落地生根，開枝散葉，於世界各地延續不屈不撓的獅子山精神。

我會否移民？我從出生開始，便注定與這片土地難以分割，因此，我會一直留守在這裏，優雅地坐看風起雲湧。

很喜歡別人叫我「容姨」，不過，假如你稱呼我的全名 —— 印度榕，我是無任歡迎的。下次碰面時，請你留意我垂下的氣根髮絲，當它們隨風飄揚時，就是我在跟你打招呼。

《鐵樹》

主唱：林欣彤

作曲：JUDE

作詞：林若寧

編曲：徐浩

監製：徐浩

政府統計處公布，2022 年年中香港人口臨時數字為 7,291,600 人，較 2021 年年中減少 121,500 人，下降 1.6%。淨移出人數為 95,000 人，其中 18,300 人持單程證來港，113,200 人為其他香港居民淨移出。

印度榕（印度橡樹）位於盧吉道（港島徑）近 28 號，因為形態獨特，被選定編入古樹名木冊。

全心保存真的我

早陣子，她懷疑自己被世界遺棄了。

當身邊的人慢慢放下執著，接受現實，嘗試擁抱快樂，她還在忙於擦眼淚，嘗試逃避悲傷。她感到自己好像是局外人，早就不屬於這個世界了。

「唔好唔開心啦！」

「唔好睇咁多新聞啦！」

「諗啲開心嘅嘢啦！」

「你比上不足，比下有餘，該知足感恩了。」

「振作！加油！」

她問自己為何不像別人。她怪自己老是不爭氣；再多的小心翼翼也是徒勞，她還是被看穿內心，輕易被別人察覺自己的悲傷。

她問自己有沒有盡力，答案是肯定的。她已經花光力氣去抵抗痛苦，偽裝自己過得還可以，結果，愈拚命掙扎，愈深陷。

對於那些「不懂知足感恩」的指控，她深深不忿，質疑是否只要懂得「知足感恩」，就可以拒絕一切痛苦，然後就再沒有理由去悲傷了？儘管她多用力思考，始終不能理解那種邏輯。

一直以為朋友們都懂自己，他們隨意的幾句說話，卻讓她驚覺曾經熟悉的他們變得陌生。她沒有怪責任何人，知道不能要求別人明白自己，甚至跟自己的想法一樣。她只是慨歎沒有人可以陪她走到最後，終究還是必須獨個兒撐下去。

忽然有一天，她在網上聽到黃耀明清唱着：「面對世界一切，哪怕會如何，全心保存真的我。」

回想起初次聽《問我》，彷彿已是上世紀的事，那是由鄭秀文主演的電影《百分百感覺》裏的插曲。

她在網上翻查，才曉得由陳麗斯原唱的版本同樣是電影插曲，電影名字是《跳灰》。那是一首由黃霑填詞的經典金曲，訴說人生有高興也有悲傷，有得也有失，毋須計較太多，重要是活出真我。

對比起之前兩個電影插曲版本，她認為黃耀明的清唱版本更能夠對應這時代，讓她反思如何在紛擾的世界自處。它提醒了一度迷失的她不用介意別人的說話和眼光，「做自己就足夠」。

明白自己不是別人，與其在別人面前偽裝，不如躲在只有自己的洞穴裏，確認及接受自己的情緒，好好學習與它們共處，繼而把它們好好安放。

她問自己會否終有一天，可以像別人一樣開朗豁達？她不確定，但她提醒自己要努力做到歌詞中的「全心保存真的我」，沒有什麼比忠於自己更重要。

生於亂世，但願我們都做我們，就好。

《問我》

主唱：陳麗斯

作曲：黎小田

作詞：黃霑

編曲：黎小田

我們的幸福

那一刻，她猛然想起一句歌詞：「愛思索便會福薄……」

記不起從何時開始，小魚偶爾失眠，最近又發着同一個惡夢。夢境裏看見有一個人慢慢步向懸崖，焦急的她試圖叫停他，但，無論她多拚命地呼喊，仍然發不出半點聲音，最後白白看着他一躍而下。半夜從惡夢驚醒過來時，她的枕頭已經被淚水淹沒了。

早陣子，光看文字，她的眼淚都會失控地滾下，幾乎懷疑自己失去了快樂的能力。當她和朋友傾訴時，其中一位回應：「不要想太多，想得多只會自尋煩惱。」

小魚心想：是我想太多，自尋煩惱嗎？

回想起以前風平浪靜的生活，擁有喜歡的工作和興趣、疼愛她的朋友和家人。沒有太多的物慾，比起物質，她一向更重視精神上的豐足。她覺得自己正是「比上不足，比下有餘」，生活雖然未至於奢華富有，但，勉強稱得上不用憂柴憂米。生活依舊，「還會有什麼感想需要痛哭？還有欠缺什麼東西不夠滿足？」

生活真的依舊嗎？是啊！她想。2021年底的今天，生活上沒有巨大改變。除了還未能隨心地到外地旅行，除了每天出外時一定要戴口罩，還有朋友們的離別、目睹城內本來完好的東西，一點一點被摧毀、被消失……原來，「除了」的事，倒不少。

她反思幸福與自己的距離。小魚清楚知道知足常樂簡簡單單就好，明白不要過分執著、學會接受，也明白聚散有時、變遷才是永恆的道理。然而，她始終悲傷痛心。

當她想到自己身處於一個瘋狂的世界，從新聞報章得知，荒唐又可怕的事情天天上演，心情又變得沉重。她嘗試叫停自己，不要看，不要知，不要想，是無知的自我欺騙好，是情緒潔癖，或是自我保護都好，總之「眼不見為淨」。

她懷疑，與世界保持距離，對現實視而不見，把其他人事物置諸度外，若無其事的過着看似很理想的生活，那就是美滿快樂？那就是幸福？抑或，尋求「飲飽吃醉的快樂」，盡情吃喝玩樂，崇尚及時行樂的生活態度？

想着想着，小魚發現自己又想得太多了。

她不要再想，唯有拿出手機，在社交媒體上看到兩位電影導演的訪問。訪問裏，他們提及以另一位導演為先行者：「我仰望他，所以追隨他，我想和他一起走，不想讓他感到孤獨。」

原來這個世界，有人為另一位陌生人牽掛，因為擔心他孤單寂寞而選擇站出來支持他、陪伴他。當有人不斷提醒你，世界有多可惡的同時，也有人不斷提醒你，世界有多可愛。

身處於最動盪的社會，學懂忠於自己、關懷他人和感受最溫暖的人性，或許，這就是生於這個時代的人們，專屬的「幸福」。

「這是我們的幸福。」小魚忽然懂了，一邊唸着那幾句歌詞，一邊在日記簿上寫下，微笑着，慶幸自己沒有選擇「幸福地麻木」。

《你們的幸福》

主唱：謝安琪

作曲：Christopher Chak

作詞：林夕

編曲：陳珀

監製：Alvin Leong

只送贈你一片片花瓣

「山上陽光猛烈，很多蚊子，記得穿長褲。」寶兒在客廳一邊準備行裝，一邊認真叮囑我。

我賴在牀上哼了一聲，看看時鐘，才知道差不多中午時分，不情願地爬下牀、換衣服，心裏有點後悔自己隨口答應寶兒去行山。

自從大半年前，我成為「自由工作者」，或別人口中的「無業遊民」，幾乎每天都是自然醒，一覺醒來已是下午茶時段，吃過 A 或 B 餐後，才開始查閱電郵。比起過往經營旅行社的那種日夜顛倒、坐飛機比乘搭巴士更頻密的生活，我懷疑現在的生活模式更適合我。

現在我只會選擇平日外出，週末人多車多，不是留在家比較好嗎？疫情下興起的行山熱潮仍然持續，週末時的山頭猶如鬧市般人山人海。我想，就算幸運地給寶兒遇見她最想看的吊鐘花，她也未必能夠找到合適位置去拍攝。

可惜寶兒是上班族，只能夠選擇週末外出。以往她深居簡出、怕蚊蟲，又怕曬黑，一直都抗拒行山。在我印象中，她只陪我行山兩三次，每次都是半推半就的，難得今次是她興致勃勃自發提出，我哪有推卻的理由？

* * *

一如所料，今天的交通很擠塞，到達山腳已見人頭湧湧，好不容易才抵達山腰。忽然覺得腳有點怪怪的，低頭一看，發現右腳小腿有一個接近一寸的傷口，應該是走過叢林時被樹枝刮傷。此時，我才猛然記起寶兒的叮嚀，也發現自己只穿了短袖衞衣和短褲。

「希望看見吊鐘花，」寶兒自言自語：「現在是花期。」

我心想，已經行了兩小時多，她竟然還在尋找吊鐘花，好像死心不息，誓要找到為止，難道她不累嗎？對比起以前，我的體力和意志都差了很多。行山路徑不算困難，而且大部分是平路，才不過兩三小時，雙腿已經痠軟無力。不知道是年紀大了，體力變差，還是太久沒有鍛鍊體能的緣故。

回想這兩年，本來強壯的肌肉和精神都一併脆弱起來。自疫情開始，旅行社業務一落千丈，是創業八年以來最艱難的日子，我把過去賺的錢都押上了，多得同事們跟我一起捱了一年多，可是最終還是不敵疫情。在今年初，我忍痛決定遣散所有員工和結束營業。

寶兒時常安慰我，結束生意業務，並不代表我投資失誤，只不過這段日子是整個行業的冰河時期，而可幸的是損失不算太慘重，但，我還是不得不承認一件事——我事業失敗了。有一段時間，我感到迷失和慌亂，意志也消沉，連我喜歡的行山和健身也提不起勁，幸好有寶兒一直在旁不斷鼓勵我，才不至於鑽牛角尖。

「不要老待在家中，趁疫情穩定了，不如今晚出去吃牛扒，好嗎？」

「不了，現在沒有收入。」

「我有工作和收入，可以養你！」她自信地打趣說：「快換衣服！」

「不了，我真的想留在家。」

「好吧，好吧！」寶兒頓了一頓，說：「我陪你。你想吃什麼，我去買。」

「呀！」我從沉思回到現實，或許想得太入神，一不小心失去平衡，不慎滑倒，摔了一跤。

「志遠，你的手和腳在流血！」

「你先坐下，我幫你止血。」她拉我坐在旁邊大石，然後從背包取出急救包來。「是否很痛？」

「一點點而已。」我心虛回應，害怕她會怪責我沒有理會她臨出門口前的叮嚀，連忙轉換話題，問：「你從哪裏找來急救物品？」

「幾個月前，我參加了行山和急救課程。」她邊說邊拿出棉花、敷料和繃帶。經過一輪左包右紮，她把我的傷口處理好，拿了水給我，陪我坐在石上休息。

「你不是不喜歡行山嗎？」

「你喜歡呀，我想陪你。」她笑了笑，遠望說：「你看，在這兒俯瞰石澳，風景很美。」

「很美。」我看着風景，轉過臉回望她，沒有說出口的是：「再美的風景都比不上我眼前的你。」一會兒，我說：「好吧！天快黑了，我們下山回家吧！」

「好了點沒有？」「還好。」

「確定？」「確定。」

她先站起來，伸出手示意要扶我一把。我確定的，除了是時候起程回家外，也是時候撿起自己，拍拍灰塵，在人生旅途上重新出發。為了自己，也為了一直擔憂我、緊張我、事事為我着想的寶兒。

「今次看不到吊鐘花，有點可惜。」她說。

「雖然沒有吊鐘花，這些也不錯吧！」我拾起地上的幾朵山茶花，遞給她。她把山茶花捧在手心，仔細端詳着，笑得分外燦爛。

「無人樹林還有着你，當我短信沒有、評語沒有、財富沒有、人氣沒有，放開兩手不搏鬥，只送贈你一片片花瓣，便宜但溫柔。」

《人在野》

主唱：布志綸

作曲：布志綸 / C. Y. Kong

作詞：林若寧

編曲：Gary Tong

監製：Gary Tong / 布志綸

疫情下有 100 間旅行社倒閉。

我現時自己肯做飯

子澄一個人住，享受單身獨處，甚至拒絕飼養寵物和種植盆栽，彷彿要戒絕所有生物，只因她害怕承諾與負擔。

她從來不煮飯做菜。媽媽常常嘲笑子澄沒有遺傳她的烹飪天賦，子澄也承認自己沒有那方面的天分。不過，她知道最主要的原因是懶惰和怕麻煩，並且非常討厭洗碗，寧願花時間休息和娛樂。

她每天運用最少時間進食，忙碌時，往往啃一個麪包，甚至一些沒有營養的垃圾食物，匆匆忙忙吃過一餐，又回到工作。進食只是填飽肚子的「例行公事」，忘記進食也是為了滋養身體，她一直忘記善待自己。

疫情嚴重時，被迫長時間關在家裏隔離的日子，她習慣留在家裏工作，也愛上「叫外賣」。她可以留在家裏兩星期，完全足不出戶，似乎愛上那種「飯來張口，茶來伸手」的生活模式。

有一天，子澄不幸確診了，有着新冠肺炎所有的症狀：發燒、咳嗽、喉嚨痛、流鼻水等。好友明自告奮勇來照顧她。從那天開始，她的生活起了翻天覆地的改變。

每天，子澄看着明在廚房為她煮飯弄菜至滿頭大汗，用雙手捧着熱湯和餸菜，小心翼翼的從廚房端到餐桌上。雖然只是家常便飯，她依然感動，感覺當自己在生命一片灰暗時，有另一個人比自己更努力地愛惜自己。那刻，她決定學習愛自己，每天多一點點。子澄和明一起迷上看美食日劇《深夜食堂》、《愛吃拉麵的小泉同學》、《昨日的美食》，子澄開始萌生自己做飯的衝動。

康復後，子澄嘗試做日本料理，例如炸豬扒飯、雞蛋三文治、日式拉麵、半熟溏心蛋等等。她和明輪流發掘新食譜，每星期開一次「菜單會議」，商量早午晚三餐的菜單，一起研究不同的烹調方法。她弄菜時，不只是為自己，也為對方做一頓簡單而營養豐富的飯。

「你做的味噌拉麵很好吃！」明吃得津津有味。

「有秘訣的，我沒有奶油，卻放了一些花生醬，味道會變得濃厚而且溫和。」

「下次我嘗試弄豚骨湯底拉麵，」明說：「我會為你加多幾片叉燒。」

「好呀！」子澄眼睛發亮：「再加一隻溏心蛋！」

她發現自己喜歡和身邊的人一起享用食物，更喜歡看見他進食時心滿意足的樣子。跟明一起居住，就多了一個藉口去做飯。

後來她想，「我現時自己肯做飯」，好好吃飯本來就是好好生活的一部分。不管是一個人還是兩個人，都值得好好做飯，好好吃飯。

《別來無恙》

主唱：陳柏宇

作曲：林奕匡

作詞：陳詠謙

編曲：Edward Chan / 黃兆銘 @emp

監製：Edward Chan

兩粒燒賣當火雞

「吃過午餐沒有？」阿安走到子澄的房間，敲了一下門問。

「沒有，還在寫報告。」子澄抬頭看着阿安說：「你呢？」

「也沒有，剛剛完成一張圖。不打擾你工作吧？」他輕鬆地回應。

「不會，過來坐一下吧。」她放下筆說。子澄是心理輔導員，跟幾位朋友開設了一所輔導中心。自從兩年前疫情爆發，所有輔導服務轉為網上輔導，為了節省開支，他們放棄了輔導中心。子澄需要見案主時，便借用阿安的工作室。

阿安是平面設計師，幾年前從美國移居香港並創立公司。子澄認定阿安是工作狂，她懷疑他沒有家庭和朋友的，連週末也留在工作室，24 / 7 不分晝夜地工作。

阿安沉默寡言，子澄內向慢熱，他們幾年前經朋友介紹認識，雖然久不久在工作室碰面，但大家只會閒聊幾句，仍不算熟絡。

子澄輕輕問：「工作完畢，還不回家？」

阿安想了想，微笑道：「外面太熱了，我打算在這裏多待一會兒。」

「如果燈飾數悶又冇酒，就買兩粒燒賣當火雞……」歌聲從喇叭音響傳來。

「這是什麼歌？」他好奇地問。

「Gareth T. 的《勁浪漫超溫馨》，」她說：「歌詞表達平淡簡單的日子往往是最純粹、最快樂。」

「嗯，在疫情嚴峻下更能體會，」他回應：「你喜歡歌詞？」

「歌詞是有趣的口語，直白又貼地，關於一對『窮鬼』情侶如何『捱窮』談情，『銀行存款等於零』，沒有錢吃聖誕大餐，只有『寒酸炒冷飯』和『燒賣』，也只能夠『提子乾兩份摵』，那個『摵』字很得意，那是我最喜歡的一句歌詞。」她笑着說。

「聽起來很愉快的歌曲，」阿安受子澄感染，似乎也愛上歌曲：「讓我想起『鹹魚白菜也好好味』。」

「你竟然聽過那首舊歌！」她續說：「除了歌詞，我也喜歡編曲。這首三拍很 old school 的 waltz，只用了四個和弦，轉了一次 key，沒有太多人聲和音，也沒有運用很多樂器，弦樂部分竟然是 single line，比起 Gareth T. 製作的其他歌曲，這一首的編曲明顯簡單，簡單程度就連聽眾也感到無奈。

「簡單不代表不好。我覺得編曲人刻意營造純情的氛圍，配合歌曲主題『窮』，鋪排很有心思。旋律非常 melodic，副歌的 counter melody 尤其動聽。」她愈說愈興奮，還撥弄手機播放副歌部分。

阿安一直微笑點頭，全神貫注地聽她說話。

「我『一輪嘴』說話，對不起。」她忽然醒覺阿安幾年前才從美國回來，應該不多會接觸廣東歌，對於自己忘我地說個不停，感到不好意思。

「不要緊，我喜歡聽你的分享。」阿安看進子澄的雙眼。

面對他的目光，子澄的臉頰漸漸發燙，立即說：「我肚子餓了，不如買外賣。」

「你想吃什麼？」

她想起歌詞便說：「兩個街口前有一個街邊檔，那兒的燒賣很好吃，要不要試試？」

「我喜歡燒賣，特別喜歡放了蝦和橙色魚籽。」他爽朗的笑着說。

「你喜歡的應該是酒樓的燒賣，用豬肉製成，加入飛魚籽或蟹籽，是經典的點心。」她解釋。

「對，是一籠四件的燒賣，跟你說的有分別嗎？」他挑起了眉，認真地問。

「街邊小吃店賣的是魚肉燒賣，沒有蝦和魚籽，你可能會失望。」

「那魚肉燒賣是怎樣的？」他弱弱的問。

「魚肉燒賣是香港地道的街頭小吃，較酒樓的燒賣便宜，一串有五六粒。那店的燒賣自家製造，除了魚肉，還加入洋蔥及冬菜等食材作為燒賣的餡料，沒有防腐劑、味精和色素，非常健康。」她雀躍的回應。

「吸引啊。」他的眼睛再次彎成腰果形，面上掛着親切的笑容。

「我的誠意推介。那店的燒賣粒粒熱騰騰、脹卜卜，皮薄，魚肉跟麪粉的比例恰到好處。入口啖啖魚肉，煙韌彈牙，再加上秘製的豉油和辣椒油，相當惹味。」她陶醉得差不多要流口水的模樣。

看着她，他忍不住笑了，説：「你好像電視節目中的美食專家。」

「哈哈，」她也跟着笑了，「我不是專家，只是愛吃。」

「好，我現在就去買，吃幾粒燒賣夠飽嗎？兩粒燒賣真的可以當火雞？」他站起來，戴上口罩，準備出去。

「哈哈，」聽見他搬出歌詞，一副似懂非懂的樣子，她不禁大笑起來：「腸粉，那兒的腸粉即叫即蒸，搭配燒賣一起食用便是滿足的一餐。」

子澄一直以為自己不愛説話，後來她發現，自己只是不懂説話，不擅長表達，害怕詞不達意得罪別人。原來她一直等待一個人，一個讓她安心説話的人，一個願意花時間和精神耐心聆聽她説着喜歡事物的人，不厭其煩跟她討論那些事物，哪怕是世上最無聊最微小的東西。

無聊或微小的東西可以是一首歌，也可以是一粒燒賣。那個人可能不怎麼欣賞燒賣，卻願意了解，甚至在酷熱天氣警告下，獨自走到街上排隊購買一包燒賣，然後大汗疊細汗的跟她一起吃。

《勁浪漫超溫馨》

主唱：Gareth. T

作曲：Gareth. T / Teddy Fan

作詞：黃偉文

編曲：Gareth. T / Enoch Cheng / Teddy Fan / Warren Petty

監製：Gareth. T / Enoch Cheng

本文寫於 2022 年 7 月。天文台由 2022 年 7 月 15 日至 24 日發出酷熱天氣警告，維持逾 9 天，238 小時，市區氣溫高達攝氏 33 至 35 度。

碰杯鏗鏘的知己

Ardbeg
ISLAY SINGLE MALT
SCOTCH WHISKY
TEN
HIGHLANG PARK
LAGAVULIN
16

「你想被寵成公主嗎？」神奇地成為了中秋威士忌之夜的主要話題。

六位女生約定每隔三、四個月便在其中一人的家中相聚。相比在餐廳或酒吧聚會，她們在家中更能輕鬆自在地品酒，毫不忌諱地暢所欲言。小魚很珍惜跟她們見面的時刻，尤其在世紀疫症來襲後。

當晚剛巧是中秋，多了一個理由相聚，每人各自帶來一枝威士忌慶祝。她們口味不同，各有偏好：甜、重口味、溫和、有個性、泥煤味、煙燻味等。

相同之處在於她們都喜愛威士忌的香氣，每次喝很小杯，分量比 half shot 更少、不加冰、不加水、樂於分享自己喜歡的，以及品嚐別人喜歡的。她們不是酒鬼，不喜歡買醉，平時不多喝酒，當然也不太懂威士忌，只認為威士忌是一種令人愉悦的飲品，適合與閨蜜共享。

然而，比起品酒，她們更享受彼此的陪伴。她們一邊淺斟慢酌，一邊聊天，天南地北，無所不聊，聊得世界彷彿只有她們似的，那是姊妹間的浪漫。

當晚的話題源於嘉琪轉述她在小巴上聽到的一句説話：「我不是你的保姆，也不是你阿媽，我是公主呀！」不肯定是説話本身好笑，抑或是嘉琪的誇張語氣引人捧腹大笑。R 一邊替各人倒酒，一邊笑到流淚似的說：「哪有人說得出口？經典！」

「很多女生都渴望成為公主的。」嘉琪搖搖頭笑着回應。

「典型港女！」C 道：「有公主病的港女！」六個女人相互對望，大笑。

「我們不是啊！」小米說，她們再笑成一團。

「是女生對男友控訴嗎？他有什麼反應？」子澄問。她開了那支「余市」，倒進捧在掌心大小剛剛好的聞香杯裏。

「應該吧，我沒有留意他的反應了。」嘉琪回答，端起酒杯先聞一下，喝了一口。

「你們想被寵成公主嗎？」R 問。

「太誇張了。我不想，『公主』聽起來好像是那些高高在上，性格刁蠻任性的女生，連我也受不了。我覺得兩個人關係平等比較健康。」C 說。

「不算誇張，我有朋友要求另一半當她是女王。」子澄說。

C 愣了一下，睜大眼睛，側着頭，然後左手拿起那支 Lagavulin，再張開右手問子澄：「Your Majesty，你要喝這個嗎？」大家見到她的百厭表情都笑了。

「你近日看太多英女王的新聞報導了，」子澄點頭微笑，把一隻酒杯遞給 C：「謝謝你。」

C 走到小魚身邊，將要開口，小魚先説：「我在服中藥調理身體，不可以喝酒。我倒杯溫水就好了，謝謝你。各位請幫我喝這幾杯酒，不要浪費。」

子澄走到各人身邊倒了一小杯威士忌，便坐下認真的説：「對方是 soulmate 最好，大家心靈相通，根本不用説話。一個眼神、一個動作已經心領神會。」

「小米説過只要某人肯洗碗，就是靈魂伴侶了。」C 説，大家再大笑。

「我最喜歡那金句！」小魚樂得很，拿出她從英國帶回來的 Highland Park，給各人一點一滴的慢慢倒。

「不只是洗碗，肯做任何家務的男人，立即加分！」小米笑了笑說：「但，絕對不要公主和僕人的關係，是那種分工合作和分甘同味。沒有高低或男女之分。」

「我覺得 partner in crime 最好，靈魂伴侶過分浪漫化。」嘉琪一向理性。

「看你怎樣定義靈魂伴侶。我嚮往兩個人之間的 telepathic connection，思想上的默契。」小魚說。

「我覺得最理想的是彼此視對方為知己。大家互相尊重、互相信任。有朋友基礎是最好的，轟轟烈烈的愛情過後，也要懂得溝通和相處，感情才能夠細水長流。」臉紅紅的 R 回應。

「我想，只有當你遇上靈魂伴侶，才會明白什麼是靈魂伴侶。」小米的臉頰也是紅紅的，她的眼睛發亮。

「你們相信童話嗎？」C 問。

「我相信有，但不是白雪公主或灰姑娘那種。現實也有幸福快樂的，好像伊莉莎白公主八歲便邂逅一生最愛，二十一歲如願嫁給心儀的王子，菲臘親王和英女王就是童話。」小魚篤定的說：「我也相信有靈魂伴侶，就像 Patti Smith 和 Robert Mapplethorpe，一個創造寂靜，一個聆聽寂靜。那些童話式的關係都是踏實又浪漫。」

「有你，便有童話，」子澄已喝得兩頰暈紅，溫柔地說：「你總能夠說服我們童話的存在。」

「不如你寫一本愛情小說？」小米提議。

「我只想寫你們！你們這班最嘈吵又最可愛的女人們！」小魚說。

「快寫快寫，到時我買五本！」嘉琪興奮又肉緊的說。

「我買十本！」小米舉手，雀躍地說。

「我要簽名。」子澄跟着舉手叫着。

「我舉紙牌！」C 站起來，隨手拿起一本書揮動着。

「我大聲呼喚我愛你！」R 舉起雙手叫着。

她們你一言我一語的，逗得小魚心花怒放，眼睛瞇成一條線。從她們的誇張舉動和吵吵鬧鬧，小魚猜到這班「碰杯鏗鏘的知己」有點醉意，但也忍不住跟着瘋狂的大聲嚷嚷：「你們這班世一朋友！到底我做了什麼好事才會遇見你們呢？我愛你們！」

「哈哈，今晚不是慶祝中秋節嗎？我們竟然沒有準備月餅。」子澄笑着問。

「我們以威士忌代替月餅好了。」R 清醒的回答，開了她的 Glen Garioch，圍着桌子給各人倒酒。「你們喝完這杯，便要喝 Ardbeg Corryvreckan。」她們都説沒所謂，清楚知道真正讓她們快樂的，從來都不是食物或酒精。

「親愛的，」R 續説，「我們乾一杯。為中秋，為團聚，也為友誼乾杯。」

她們輕輕碰了碰杯。「為友誼。」她們説。

那一刻，小魚想：時代變遷，儘管風景不再一樣，生活也不是很好，但只要身邊有着對你很好的人們，偶爾跟你胡鬧説笑，陪你一起瘋，世界依舊美好。

小魚起身走去倒水，有點輕飄飄、微醺的感覺，明明沒有喝過半滴酒，她疑惑着。

《如果我們的語言是威士忌》

主唱：布志綸

作曲：Alan Po / JYZ

作詞：梁栢堅

編曲：JYZ

監製：舒文 / Alan Po

我加你就變我哋

「你們在罷工嗎？」一大清早，老闆一推門便看見他們沉默的坐着，於是驚訝地問道。

「老闆，我們決定請假一天。」他語氣凝重的回應老闆。

「什麼？到底發生什麼事？」老闆愕然。

「不知道是否冷氣壞了，一覺醒來，她感到不舒服，應該生病了。」他代躺在旁邊的她說。

「你還好嗎？」老闆一臉關心的看着她問。

「很好，不要擔心，我休息一天便會好了。」她沒精打采的回答。

「你們請不要誤會，我重視每一個員工的健康狀況。」老闆轉頭向他解釋：「不過，我們經營的只是小店，不是連鎖店。你們負責供應招牌小吃，如果休息一天，會嚴重地影響營業額嗎？」

「老闆，這方面我們是明白的，但是也不能控制，很抱歉。」他皺起眉頭、低頭不語，知道難為了老闆。

過去兩三年，小店的生意因着疫情受到嚴重影響，到近半年，政府放寬了防疫措施，生意額才慢慢回復正常。

「沒有她，還有你們啊，」老闆提議：「可以照常售賣我們的招牌小吃。」

「我們是一個組合，就像樂隊裏的主音、結他手、鍵琴手、低音結他手和鼓手，每一個都是不可或缺的隊友，每一位都是重要的一份子，大家必須團結合作才有完美的演出。」隊長理直氣壯的説，「因此，我們五個決定非共同進退不可。」任何時候，他都有着一股承擔責任的氣勢。

「有很多外地旅客和本地食客，從老遠跑到深水埗，就是為了光顧我們。要是你們休息一天，知道會令遠道而來的他們多失望嗎？」老闆無奈地苦苦哀求。

「老闆，我們清楚知道這點，才覺得有需要停售一天。試想想，我們狀態不佳，食物做得不好，不也會令客人失望嗎？」隊長説。

「對呀，老闆，我們是米芝蓮級的街頭小食店，假如不能保證食物的品質，其實也直接影響『合益泰小食』的聲譽。」另一個附和。

「缺少了我們任何一個，都會令味道失色，我們一個都不能少。」第三個接着説。

「我們希望每次出場，都可以給客人最好吃的食物、最溫暖的款待。」第四個說。

他們你一言我一語的，把老闆氣得半死，出不了聲。

為了打破緊張的氣氛，他們其中一個帶領唱着：「一有事梗撐你……」，其他繼而加入，一同合唱着：「……我加你就變我哋」。他們互相對望，點頭微笑着，他們清楚知道什麼是團隊精神，以及「互撐」的重要。

老闆睜大眼睛吼叫：「造反了，你們這班混帳的傢伙！」

腸粉隊長不假思索，急忙回應：「你説得準確無誤！」

他們再次互望，腸粉連同其他隊友：甜醬、辣醬、芝麻、豉油，就連病倒了的芝麻醬，也一起大聲呼喊：「我們正是『合益泰小食』的最佳組合——『混醬腸粉』！」

最後，「合益泰小食」停止售賣腸粉一天，其他粥類食品和小食如燒賣、牛肉、魚蛋、豬皮等，則照常供應。

《組合》

主唱：艾粒

作曲：吳林峰

作詞：艾粒

編曲：Frankie Yip

監製：吳林峰

祝你在亂流下平安

2021 年 11 月是我在疫情來襲後的首次隔離，發生了離奇的事。

挑了一所離家不太遠的三星酒店，房間大概二百平方呎，沒有煙味和人造的香味，也沒有地氈。那道不能打開的窗旁邊有一個不小的雲石窗台，容許我坐着俯瞰附近的景觀。酒店右邊是幾幢商業大廈，我能夠清楚看見人們上班下班，在辦公室走來走去。酒店左邊很開揚，可以眺望遠處的海洋公園大門、海洋纜車和幾座綠油油的山。對於酒店的四周環境，我是挺滿意的。

兩張單人牀本來放在房間中央，中間留有空位，我把兩張牀推到牆邊，再把兩個行李箱、多餘的凳和茶几一併移到另一邊牆。畢竟，隔離十四天不是短日子，花點力氣和心思重組房間的傢俬擺設，爭取活動空間是值得的。

首次隔離感覺尚算不錯，我最欣賞餐飲服務，每天有人定時把三餐送到房間門外。只要聽見門鈴一響，一打開門就有飯盒，最適合懶人如我。對食物從不講究的我，只要食物夠熱、分量足夠填飽肚子就好。

記不起那是隔離的第幾天，天還未亮便聽見門鈴聲，看看手錶是清晨五時。幸好我從加拿大回來，還在適應時差，日夜顛倒，每天凌晨二三時醒來，才不至於被門鈴吵醒。

「你是誰？有什麼事？」我從門孔看見一個男人。

「……」他喃喃自語，但隔着房門，我根本聽不到他說什麼，也不能清楚看見他的樣貌，只知道他的個子高，頭髮長及耳垂，有點蓬鬆，沒有戴口罩，站在我的房間門外。

「……」他繼續喃喃自語，我沒有再回應他，只是用半身的力頂着門，怕他破門而入，再屏住呼吸，嘗試聽清楚他說什麼。後來他向我房間的左方離開，接着一下關門聲，我終於鬆一口氣。

之後我仔細想，幸好那位陌生的住客是在淩晨時分按我的門鈴，要是他在送餐時段按的話，我一定毫不猶豫，看也不看便直接開門。除了收垃圾和送餐時段，酒店走廊幾乎沒有任何服務生，亦即是說，假如他衝進我的房間，對我做出任何傷害，瘦弱的我一定無力反抗，而且叫天不應叫地不聞，後果不堪設想。

我愈想愈害怕，拿起電話把剛才發生的事情一五一十的告訴酒店職員。他們翻查閉路電視片段後，證實那是住在我左邊房間的住客，酒店職員警告他必須按照衞生署法例：任何隔離人士未經許可，不得擅自離開房間。

「說起來，那位住客的確有點奇怪。」貼心的酒店職員理解我的憂慮，嘗試安撫我，並協助我轉房。

搬到另一個房間，心情也慢慢平復，但不知怎的，我竟然擔心起那位陌生的住客。不習慣「打小報告」或投訴的我，開始感到內疚，問自己是否大驚小怪？他會否因為我投訴，而被衞生署罰款或檢控？他是否幽閉恐懼症或心臟病發作，因此按我門鈴求助？又或，隔離太久，導致精神錯亂？他是否抑鬱症病人，會否因為情緒低落，一時看不開在酒店內輕生？一大堆問題在我腦海浮現，在好奇心和關切之心的驅使下，我致電他的房間。

「你好，我是住在你隔離房間的住客，」我問：「你還好嗎？」

「對不起，我昨晚喝醉了，」他說：「迷迷糊糊走出房間按你的門鈴，真的對不起。」聽了他的解釋，我的無名火便起了，之前有過的同理心瞬間消失得無影無蹤。

我心裏暗罵，這個醉酒鬼真豈有此理，他的不負責的行為，害我擔心了大半天，還連累我勞師動眾轉了房間，搬搬抬抬忙了一大輪，浪費我的時間之餘，更糟蹋了這次本來寧靜又平安的隔離經驗。我正想開口教訓他，他帶着歉意說：「真的對不起，小姐。不會有下次了。」

算了吧，既然他誠懇地道歉就算了吧。就算教訓他也於事無補，憑他的嗓子和語氣，直覺告訴我他不是壞人，隔離時遇上這個醉酒鬼算我倒楣好了。我拋下一句：「下次別喝醉了。幸好你沒有忘記帶門卡，否則連房間都進不去。」

他彷彿聽到我心中的不滿，連聲道歉：「對不起，真的對不起。」

「沒事，你安好就好。」

「謝謝關心。」他頓了一頓：「老實對你說，我不太好，媽媽剛剛過世了，我來不及見她最後一面。」我聽到他哽咽，很想安慰他，卻找不到合適的言詞，只是默默等待他繼續說。

待了良久，他才說：「不好意思，要你聽我傾訴。我從英國回來，隔離了兩個多星期，很久沒有跟人說話了。」

「過多幾天，你便可以出去。」我隨意說了一句毫無意義的廢話。

「是的，我很想見家人。」他說：「我沒事了，謝謝你來電問候。」

「不會，早點休息吧。晚安。」

* * *

第二天，午餐時段，我比之前謹慎，記得看過門孔才開門。飯盒旁邊有一束花，香檳玫瑰、白百合、銀葉菊和尤加利葉，那個配搭很清雅。花束上有一張卡寫着：「對不起打擾你。隔離的住客上。」

基於禮貌，我覺得需要親口向他道謝，便致電到他的房間：「謝謝你的花兒。」

「我上網訂購的，希望你喜歡。昨天打擾你，真的很抱歉。」他說。

「太客氣了，謝謝。」電話筒傳來背景音樂，我忍不住八卦問了一句：「你在聽 *Má vlast* 嗎？」

「對，你一聽便知道，你也喜歡嗎？」

「嗯。」我輕輕應了一聲。其實 Smetana 是我最喜歡的作曲家之一，指揮家 Kubelík 的 *Má vlast* 那張唱片，從頭到尾我聽過不下幾百次。

「這次去英國出差，本來打算順道拜訪布拉格。後來媽媽出事了，便立刻回來。」他的聲線忽然變得沉重。

「你為了Smetana去拜訪布拉格，一定很欣賞他了。」我嘗試轉移話題。

「我很喜歡他的作品，」他問：「你也喜歡古典音樂？」

「稱不上喜歡，我對古典音樂一竅不通。」我沒打算跟陌生人在這時候討論古典音樂。

「我也不太懂，只是聽聽而已。你喜歡什麼類型的音樂呢？」

「我最愛廣東歌。」我想也沒想便說。

他必定覺得我品味年輕。曾經認識一位熱愛古典音樂的朋友，她認為自己的品味比較成熟，但他竟然說：「我也很喜歡廣東歌。我喜歡Dear Jane。」

「沿途在修理着熄了的曙光，」我哼着，他也跟着一起哼：「祝你在亂流下平安。」

「很喜歡這首。」他笑道，我也跟着笑了。

「你很熟悉歌詞。」我說。

「只是剛巧懂一首吧！」他說：「不過我是挺留意歌詞的，大概跟工作有關。」

「你做什麼工作的？」「文化研究。」

我很好奇，正想開口問他時，卻被門鈴聲打斷了，我說：「晚餐時間到了，你吃過晚飯沒有？」

「還沒有，我打算完成工作再吃飯。」他說。

「原來你在工作，不打擾你了。」我連忙說。掛斷電話前，他問：「我可以致電給你嗎？可以給我你的房間號碼嗎？」

「什麼？你打算半夜又跑來按我的門鈴？」我打趣問。

「不敢，不敢，以後不會了。」他立刻緊張的說。

「你不知道我的房間號碼，怎樣把花送給我？」我好奇。

「我訂花到酒店，酒店職員說沒有人住在那房間，才發現你已轉了房間。酒店職員很好，幫我安排把花送到你現在的房間。」他解釋。

「好吧，我的房間號碼是2103。想找人聊天便致電給我吧。」我笑道。

* * *

又過了幾天。

「我今晚十二時便出關，離開前想跟你説聲再見。」他致電給我。

「太好了，三星期的隔離日子終於結束，你可以跟家人團聚，祝你一切順利和平安。」

「你也是，幾天後，你也可以回家吧！」

「對，我最期待睡在自己的牀上。」

「謝謝這幾天的陪伴，我可以請你吃飯作為答謝嗎？」他的語氣真摯誠懇。

* * *

世事總是奇妙，永遠出乎意料之外。

一年後的今天，我和當日那位醉酒鬼肩並肩，坐在 Dear Jane 的露天演唱會場內，在漫天繁星下，一同感受着浩瀚的銀河，再次哼唱這首歌：

「沿途在修理着熄了的曙光，祝你在亂流下平安，真愛是任何形狀，對付百孔千瘡。」

《銀河修理員》

主唱：Dear Jane

作曲：Howie@Dear Jane

作詞：黃偉文

編曲：Dear Jane / 黃兆銘

監製：Howie@Dear Jane / Tim@Dear Jane

這樣已是很足夠

「烏龜摔破了龜殼，流血了。」每次和小魚見面，她都告訴我一個個關於動物的故事。

回想起上一次見面，大概是半年前，當時還需要戴口罩。不過，她的口罩再大，也遮蓋不了她凝重的神情。

小魚和我是多年的好朋友，大家都是樂天派，以往一見面便嘻嘻哈哈，有時為着剪了個不那麼整齊的齊蔭頭、把飲管插入珍珠奶茶時弄髒衣服、下巴長了一粒大暗瘡等無聊小事，都笑到沒心沒肺的。不知道是否人大了，顧慮多了，近年我倆都好像各懷心事，只停留在欲言又止的狀態。

今天見面是為了工作，一大清早便相約到沙田公園觀察和研究，那是我們長大後第一次同遊公園。想不起上一次拜訪此公園是多少年前，完全忘記那是香港少有的河畔公園，欣賞花草樹木之餘，也可以欣賞河畔的風景。聽到蟲鳴，聞到花香，周圍有些雀鳥，不禁驚歎在繁忙的沙田新城市廣場附近，竟然有如此優美又清幽的地方。

春暖花開的季節，被綻放的花兒和樹木的香氣包圍着，深呼吸一口氣便感覺世界好像從此沒有煩惱。我們邊閒談邊拍照，瞬間回到昔日，像對萬物充滿好奇的小學生。

「疫情過了，我們應該多見面。」我說。

「一定要，以免患上孤獨病。」小魚說。

「我快要有孤獨病了。別人說 25 歲後的朋友會愈來愈少，我的朋友真的愈來愈少，不過他們是走光了。」我說。

她停下來，疑惑地看着我。「我的意思是，身邊不少朋友都離開香港了。」我說。

小魚沒有回應，只是露出無奈的表情。我們散步至「北園」，小魚在遠處看見池塘，立即飛奔過去。「你看，池塘裏有很多魚！」她叫着。

「我看到錦鯉！」我和應，「還有烏龜！」

「有一隻……」她興奮地叫：「還有一隻在水裏！」

我們沒有說話，只是站在池塘邊靜靜地、專心地看着幾隻烏龜在池塘游來游去，從水底浮上水面，再登上石頭。隔了一會兒，我忽然想起小魚家的那頭烏龜，便問：「你家的烏龜呢，最近怎樣？」

小魚的家是動物園，她從來不購買任何寵物，她的朋友卻不時問她是否想收養動物，陸續收養了貓、狗、鴿子、鵪鶉、烏龜、鸚鵡、白兔等。她說笑道，也許前世在馬戲團工作，把動物照顧得呵護備至，跟牠們累積了很深的緣分，因此，今世很多動物都回來找她，希望再次被她照顧。

小魚想了想，便認真回答：「有一次，烏龜被狗追，逃跑時從樓梯跌下來，摔破了龜殼，流血了。我看到烏龜的外殼有血，好可憐，以為牠一定生存不了。」

我聽到目瞪口呆，從來不知道烏龜會流血，後來小魚告訴我蛇也會流血。「後來怎樣？」我追問。

「獸醫用了抗生素，龜殼便慢慢復元。烏龜總算幸運，最後康復了。」她答。

我看着池塘裏的烏龜，覺得不可思議。小魚說：「如果烏龜可以像寄居蟹就好。」「為什麼？」我問。

「雖然烏龜和寄居蟹都是居住在硬殼裏，但寄居蟹會自己搬家，一生尋找很多不同的殼來寄居，而烏龜卻不會，牠只有一個家。烏龜的外殼連接着組織和內臟，假如外殼受損了，烏龜也不能『搬家』，只能夠盼望外殼慢慢癒合、內臟不受感染，然後慢慢復原。」她解釋。

「寄居蟹比烏龜好，是因為比較方便，又可以隨時搬家？」我問。

「沒有哪個比較好，烏龜和寄居蟹只是不一樣。」她淡淡然的答。

「那我們像烏龜嗎？」我問。小魚看看我，我補充：「我們都期待着『外殼』有一天變好。」

小魚想了想，然後點點頭，微微笑：「我看書和寫字都超級慢，也許上世是烏龜。」

我也笑了，說：「我曾經是寄居蟹，嘗試在另一個城市居住。不過，每次跑得愈遠，就愈知道自己離不開這城市。」

「大概『心之所在，就是家』。」小魚同意。

我想那正是人與地方的「黏性」。有時候，當我說很喜歡很喜歡一個地方，我知道，我喜歡的是那個地方裏的人和那裏的自己。而我發現我城最吸引的是那些堅守信念、堅強中帶柔韌的人，他們全都是我眼中最美麗的風景。

「除了對地方的歸屬感，最重要的是這個地方有一些價值觀相同的人，這些人在我心裏的分量很重，就像你，這個地方有你已經很好。」我看着小魚説。小魚不懂回應，只是笑得很燦爛。

「可以伴你不管福或禍，這樣已是很足夠。」我心血來潮，哼唱了一句歌詞。

「我們可以一起經歷，已經很足夠。」小魚臉上帶着笑意，看着我：「一起當烏龜，我很快樂。」

「現在你家的烏龜怎樣？」我問。

「牠僥倖地生存下來，現在安然無恙，很好，很健康。」她從袋裏拿出手機，找來烏龜的相片給我。

「牠是非一般的烏龜。」我看了相片説。

「想來也是。」小魚肯定又溫柔的説，「那時牠的殼裂了，雖然流血，但沒有放棄，牠是真心渴望要生存、活着，不斷運用念力，一直想着要變好，想着外殼要長得比之前更好、更堅固。」

她説完便跑上沙田公園外的天橋，我跟隨着她，看着她輕盈的背影，我微笑了。這個早上平凡但美好。

《十八》

主唱：Beyond

作曲：黃貫中

作詞：黃貫中

這一片我地

「媽媽，這些米很重。」小朗一邊推着鄰居玲姨的手推車，一邊撒嬌。

手推車上至少有十多包米，全部都是山貝河畔自家種植的稻米。

「快到了，爸爸在『大坑渠』等你啊，」海燕幫忙一起推着，笑笑口指着前方，鼓勵小朗說：「你有一雙強而有力的臂彎，不就是最強壯男孩子嗎？」

「對，待會兒我還要當市集中最厲害的檔主，把這些米瞬間賣清光！」小朗笑了笑，忽然糾正：「媽，你又說錯了，那兒明明沒有坑渠，你卻偏偏說『大坑渠』。」

「哈哈，小朗又找到媽媽的錯處了，真厲害。」海燕說：「不過，在小朗還未出世之前，這兒真的是大坑渠。」

小朗一臉疑惑，海燕一手推着手推車，一手拿出手機，找尋 2022 年的舊照片。

「找到了，這就是以前的『大坑渠』了，我們有時把它叫做『臭渠』啊！小時候，我跟朋友經常相約在這兒。」海燕把手機遞給小朗，指着照片說。

「『臭渠』？」小朗看了看，立刻用左手掩蓋鼻子，指着照片裏的海燕哈哈大笑：「『臭渠』裏一定有很多屎，很臭很臭的，所以媽媽才要戴口罩吧。」

小朗每每說到屎尿屁便一臉雀躍，海燕笑着回應：「你有所不知，大概十多年前，就是 2022 年，當時有嚴重的疫情來襲，人人都要戴口罩。」

* * *

「大坑渠」源自六十年代，當時政府為了保障市民的安全和財產，在元朗進行大規模防洪工程，把山貝河渠道化，在河上鋪上石屎，河道變成一片灰沉的元朗的「大坑渠」。當時的河水混濁，污水渠錯駁至雨水渠，令河道受污染，導致難耐的氣味，因此被人喚作「臭渠」。

回想當年，海燕雖然討厭「臭渠」、經常向小朗爸爸投訴異味問題，把搬屋掛在嘴邊，但「臭渠」早已融入她的生活，她根本離不開元朗。

跟大部分土生土長的街坊一樣，元朗在她心目中，不只是一個地方，它是「家」。因此，儘管元朗有不足之處，哪怕再多的埋怨，海燕依然珍惜。

近這十年，渠務署不斷收集居民的意見，海燕也是熱心參與的居民之一，她更成立「山貝河發展民間聯席」，與政府商討如何從城市規劃着手解決臭味問題，綠化山貝河。專責部門積極改善「臭渠」附近環境，努力提升水質，解決氣味問題，改造社區。

* * *

昔日的「臭渠」已經被渠務署活化成市區綠化河道。今天的山貝河，沒有難耐的氣味之餘，還充滿各式各樣的綠化元素。河畔一帶更成為社區空間、居民的休憩地方，河流滋養了飛鳥游魚，重整的山貝河連結了人與人、人與社區，以及人與大自然。

在假日，很多居民會踏單車來到河邊野餐或釣魚，有些在樹蔭下乘涼，有些則在附近欣賞風景，也有人寫生，非常熱鬧。兩年多前，海燕和其他居民更善用了河岸兩旁的空間，把那兒闢成耕種稻米的「河邊田地」，希望在地自造，一心要把元朗發展成自給自足的地方。

*　*　*

「爸爸！」小朗看到爸爸便揮手大叫，興奮地向他那邊去跑去。

記不起今年是第幾年參與河畔公園的聖誕市集，但在2032年的今天，海燕依然被四周的裝飾吸引，忍不住停下腳步來欣賞。她仔細端詳不同攤檔售賣的聖誕禮品，如糖果、朱古力、蛋糕、手作小飾物、香薰等。她逐一看着合唱團的聖誕小矮人，有些穿上聖誕老人裝束，有些戴上聖誕帽、麋鹿頭箍，每一張臉都掛着燦爛的笑容，一個一個排着隊，準備在街頭高唱聖詩。

海燕跟小朗和丈夫整理好稻米攤檔後，獨個兒在市集逛逛。路過街坊的攤檔時，檔主送上一杯熱朱古力，她灑上一粒粒白色的棉花糖，一口一口喝下甜甜的「白色聖誕」。她確認，聖誕就是這種感覺，沒有其他地方可以媲美。

或許，只要在最熟悉的地方，被最親切的人們包圍，那就是最美麗的聖誕。

她凝視眼前的一切，想像晚上聖誕燈飾如何把這地方裝點成浪漫的樣子，對比起當年的「大坑渠」，她滿意地笑了。她想，如果這些不是奇蹟，那肯定是愛，那是很多很多人對一個地方投放了很多很多的愛。

「這一片我地，共榮辱同生死一起，前途再悲，Love you，always。」

《我地》

主唱：鄭欣宜

作曲：湯令山

作詞：黃偉文

編曲：湯令山 / 張貝芝

監製：湯令山